KB202480

하나님 임재와 천국

지금 이 순간 여기에

하나님 임재와 천국
지금 이 순간 여기에

ⓒ 황웅렬, 2024

초판 1쇄 발행 2024년 5월 30일

지은이   황웅렬
펴낸이   이기봉
편집   좋은땅 편집팀
펴낸곳   도서출판 좋은땅
주소   서울특별시 마포구 양화로12길 26 지월드빌딩 (서교동 395-7)
전화   02)374-8616~7
팩스   02)374-8614
이메일   gworldbook@naver.com
홈페이지 www.g-world.co.kr

ISBN   979-11-388-3179-6 (03230)

- 가격은 뒤표지에 있습니다.
- 이 책은 저작권법에 의하여 보호를 받는 저작물이므로 무단 전재와 복제를 금합니다.
- 파본은 구입하신 서점에서 교환해 드립니다.

하나님 임재와 천국

지금 이 순간 여기에

IN THE PRESENT, IN THE PRESENCE OF GOD

황웅렬 지음

좋은땅

"나는 율법과의 관계에서는 율법으로 말미암아 죽어 버렸습니 다. 그것은 내가 하나님과의 관계 안에서 살려고 하는 것입니다. 나는 그리스도와 함께 십자가에 못 박혔습니다. 이제 살고 있는 것은 내가 아닙니다. 그리스도께서 내 안에서 살고 계십니다. 내 가 지금 육신 안에서 살고 있는 삶은, 나를 사랑하셔서 나를 위하 여 자기 몸을 내어 주신 하나님의 아들을 믿는 믿음 안에서 살아 가는 것입니다. 나는 하나님의 은혜를 헛되게 하지 않습니다. 의 롭다고 하여 주시는 것이 율법으로 되는 것이라면, 그리스도께 서는 헛되이 죽으신 것이 됩니다"(갈라디아서 2:19-21).

COVID-19 팬데믹은 17년 목회를 멈추게 하였습니다. 하나님이 기뻐 하시는 교회를 세우겠다는 소망으로 저희 가정만으로 시작한 개척이었 습니다. 그러나 육신의 한계를 넘지 못하여 멈추고 엉거주춤해 있을 때, 팬데믹으로 인해 공식적인 멈춤이 가능해졌습니다. 주님이 기뻐하시는 교회를 세우겠다는 소망도 포기했습니다. 팬데믹 덕분에 그동안 한 번도 가져 보지 못한 안식년을 맞아 사람들과 접촉도 없이 그냥 쉬었습니다. 1 년 동안 한 것은, 온라인으로 성도들과 하루에 한 시간 매일 기도한 것이 전부입니다.

그리고 나서 모든 시선을 주님께 드리고 40일을 작정하여 부르짖었습 니다. 십자가에 달리신 우리 주 예수님이 부르짖는 눈앞에 나타나셨습니다. 온몸이 물먹은 솜뭉치 같고 무겁고 몹시도 불편했습니다. 한 시간여를 부르짖는데, 계속 주님은 십자가에 달려 계셨습니다. 나중에 깨닫게 하셨는데, 동네 목회를 하며 육신의 신앙인들을 하나님과 연합의 자리로 이끄는 것은 불가능한 것이라고 생각한 것에 더러운 영들이 숨어 있었고, 그것들이 그때 떠나간 것입니다.

며칠 뒤 주일예배 전에 기도하는 저에게 물리적인 음성이 들려왔습니다. '네가 무엇을 원하느냐?' 이제 일어서서 예배를 인도해야 하는 순간이기에 당황스러웠습니다. 하지만, 그것보다 더 놀랐던 것은 물리적인 음성으로 자상하고 또렷하게 들리는 주님의 목소리였습니다. 얼떨결에 40일 작정하며 기도하는 내용을 말씀드렸습니다. 주님은 말씀하셨습니다. '나의 말이 네 안에 있고, 네가 내 안에 있다. 네가 기도하는 것들을 내가 다 들었다. 내가 그 일들을 한다.'

주님은 더욱 강력하게 저를 아버지께로 이끄셨습니다. 전심으로 부르짖을 때마다 강한 하나님의 임재 아래 머물게 하셨습니다. '성경일독 2022'를 시작하며 성경을 읽고 또 읽으며 회개하고 용서를 구했습니다. 120일 동안 20여 번을 읽었습니다. 읽던 중에 주님은 저를 아버지 보좌 앞으로 이끄시어 그 가운데 안식하게 하셨습니다. 끊임없이 아버지 영광 보좌를 사모하게 하시고, 승리한 무리들과 함께 그 보좌 앞에 머물러 있는 저 자신을 의식하게 하셨습니다.

멈추었습니다. 포기했습니다. 주님의 인도를 따랐습니다. 아버지 보좌 앞에 머물게 하십니다. 불이 섞인 유리 바다 위에 승리한 무리들과 더불어 영으로 한 몸 이루어 주 예수님의 통치 가운데 성령님과 더불어 끊임없이 아버지께로 나아가 경배하며 찬양케 하십니다. '거룩하십니다. 거룩하십니다. 거룩하십니다. 만군의 주 여호와여. 어제도 계시고 지금도 계시며 장차 오실 분이십니다. 찬양과 존귀와 영광을 받으시기에 합당하심은, 주께서 말씀으로 온 우주를 창조하시고 보존하시기 때문입니다. 이제 곧 오시어 새 하늘과 새 땅에 영원한 그리스도의 나라 펼치십니다.' 지금 이 순간 여기에 영원히 현존하시는 하나님 생명과 연결되어 끊임없이 경배하며 찬양케 하십니다.

· 이 책에 대하여 ·

하나님 앞에서 숨 쉬는 것이 전부입니다. 내가 숨 쉬고 있다는 것을 느끼고 있다는 것. 그 숨이 세상살이의 헛된 탄식이 아니요, 나의 주 나의 하나님을 사모하며 경배하는 숨이라는 것을 몸소 체험케 하셨습니다. 그리고 깨닫고 선포케 하십니다. 그리스도 영 안에서 내 혼이 숨만 제대로 쉬면, 숨결에 주님을 의식하며 경배하면, 그러면 된다는 것을 깨닫고 선포케 하십니다. 내 영은 이미 그리스도의 영과 연합하여 한 영 되어 있습니다. 이제는 내 혼이 그리스도 안에서 성령님 인도를 따라 주께로 나아가 한 영 되어 있는 참자아와 연합하면 됩니다. 다른 말로 하면, 기독교 영성사에서 늘 말하는 하나님과의 연합, Union with God입니다. 이것을 동네 사람들과 함께 하며 믿음의 목표인 혼soul의 구원을 이루어 가면 됩니다(베드로전서 1:9).

팬데믹으로 인해 저와 섬기는 교회를 리셋reset 할 수 있는 기회를 주셨습니다. 오직 은혜, 오직 믿음 그리고 오직 말씀. Sola Gratia, Sola Fide, Sola Scriptura. 순종하니, 우리 안에 계신 그리스도께서 우리의 믿음을 받으시고 기름 부으시며 직접 이 일을 성취하십니다. 2023년 9월 섬기는 교회에서 먼저 10주 70일 훈련을 했습니다. 매일 카톡으로 전한 메시지를 모아 이렇게 책으로 냅니다.

하나님 임재 연습을 하는 요령과 내용은 다음과 같습니다. 먼저 책을 전체적으로 일독합니다. 그리고 10주 70일을 작정하여 주님께 드립니다.

70일 동안 매일 임재 호흡기도를 아침에 15분 그리고 저녁에 15분, 하루 두 번 합니다. 이 기도훈련을 통해, 지금 이 순간 여기에 내 모습 이대로 하나님 생명에 연결되어 있음을 의식적으로 반응하는 훈련을 합니다. In the Present, In the Presence of God. 그리고 날마다 그날에 해당되는 메시지를 읽습니다.

메시지 내용은 1주 차에는 임재 호흡기도에 관한 안내입니다. 2주 차는 모든 고통과 불편은 예수님이 당신을 해방시키려고 보낸 메신저임을 알아차리는 것입니다. 3주 차는 알아차렸으면, 그 응답 또한 이미 주셨음을 확신하고 믿음으로 붙잡습니다. 4주 차는 육신과 거짓 자아는 이미 주신 응답을 누리지 못하게 하는 장애물임을 파악합니다. 5주 차는 성장 과정에서 경험한 내면의 그 어떤 불편함도 직면하여, 거기에 계신 그리스도를 의식하며 '회개-용서-회복'을 무한 경험하는 것입니다. 오직 은혜로 요단강을 건너 우리 주체가 그리스도로 바뀌었음을 믿음으로 붙잡습니다. 6주 차는 오직 말씀대로 생각하고 느끼고 말하고 선포하며 믿음의 실상과 증거로 사는 것이 벧엘 아버지 집에서의 삶임을 배웁니다. 하나님 임재 호흡을 하며 6주 차까지 왔을 때, 억눌렸던 감정의 통합으로 인해 내면에서 떠오르는 불편함과 고통을 아무런 '조건 없이' 느낄 수 있습니다. 7주 차는 하나님 임재 연습 가운데 주님을 더욱 친밀하게 의식함과 동시에 메마름을 겪는 것에 대한 학습입니다. 여리고는 은혜를 받은 자가 메마름을 경험하는 곳입니다. 8주 차는 내 안의 알지 못하는 불편함으로 인해 겪는 육신의 생각과 감정과 신체는 진리도 나도 실재도 아님을 선포합니다. 그리고 강을 건너며 솟아나는 내면의 울림, 즉 통합된 하나님 질서의 샬롬에로 나아갑니다.

마침내 9주 차에서는, 우리가 그리스도 안에서 새로운 피조물 되었다는 것을 실감하게 됩니다. 즉 우리 혼이 본래 있어야 할 자리인 하나님 보좌 면전에서 주님과 연합하여 한 영 되어 새로운 피조물 됨을 의식하며 누릴 뿐만 아니라, 이제는 감정과 생각과 신체로도 그것을 누리는 갑절의 부활 능력을 터득하게 됩니다. 10주 차는 지금 내 모습 이대로 감사하며, 시작된 종말론적 새 창조의 삶을 하나님 임재 가운데 삽니다. 믿음의 실상으로 간직된 새 하늘과 새 땅에서의 삶을, 지금 이 순간 여기에서 하나님 생명과 연결되었기에, 오직 은혜 가운데 오직 믿음으로 말씀대로 말하며 사는 것입니다.

그리고 매주 7일 차에는 Q&A 형식으로 하나님 임재 연습을 하면서 생겨나는 궁금한 것들을 10번에 걸쳐 다루었습니다. 하나님 임재 연습의 단기적 목표는 억눌린 감정이 풀어지며 생각과 신체와 함께 통합되어 그 몸으로 하나님을 경험하는 것입니다. 장기적 목표는 혼이 본래의 자리로 돌아와 하나님과 연합하는 것입니다. 여기에 따른 영과 혼과 몸, 영성/경건, 그리고 하나님 임재 연습에 대한 Q&A를 매주 7일 차에 덧붙였습니다. 성경은 새번역과 개역개정을 사용했습니다.

·목차·

하나님 임재 연습 – 임재 호흡기도 안내

1. 아침에 15분, 저녁에 15분, 하루 2번 매일 합니다.

2. 방해받지 않는 조용한 장소에서 합니다.

    1) 바닥에 앉아서 편안한 자세로 가슴을 펴고 합니다.

    2) 침대 혹은 소파에서 해도, 방해받지 않는다면 괜찮습니다.

3. 코로 들숨 3–4초, 날숨 3–4초를 멈춤 없이 지속 반복합니다.

    1) 하나님이 코에 생기를 불어넣으시니, 생혼a living-soul이 되었습니다.

    2) 우리도 코로 숨 쉬며 하나님 생명의 기운을 공급받습니다.

    3) 멈춤 없이 호흡에 집중할 때, 생각의 지배에서 벗어납니다.

    4) 주 성령께서 우리 혼과 몸(생각, 감정, 신체)을 지배하십니다.

4. 최소 15분입니다.

    1) 처음 하는 분들은 15분이 좀 힘들 수 있습니다.

    2) 이미 익숙한 분들은, 성령님 인도 가운데 훨씬 더 할 수 있습니다.

5. 10주 70일을 마치면,

    1) 15분 임재 호흡기도가 일상생활로 이어져 지속되는 복을 얻습니다.

    2) 육신의 무게감이 줄어들고, 하나님 임재가 지속됩니다.

    3) 지금 이 순간 여기 하나님 임재 가운데, 안식에 들어간 것입니다.

6. 안식하니, 보이는 것들에 붙잡히지 않습니다.

    1) 선악의 결핍이 아닌, 합력하여 선을 이루시는 생명으로 봅니다.

    2) 믿음으로 주님 일하심을 수종 들며 주님을 나타냅니다.

1주 차

하나님 임재 호흡기도를 하는 법

"경건함에 이르도록 자신을 훈련하십시오. 몸의 훈련은 약간의 유익이 있으나, 경건 훈련은 모든 면에 유익하니, 이 세상과 장차 올 세상의 생명을 약속해 줍니다"(디모데전서 4:7-8).

경건은 그리스도 안에서 상속받아 우리와 연합된 하나님 생명과 성품입니다. 경건에 이르도록 네 자신을 연단하라는 말씀은, 하나님 임재 연습을 하라고 명령하는 것입니다. 하나님 임재 연습을 하면, 범사에 유익합니다.

우선, 주님께서 우리로 하여금 진정한 자아 발견을 하게 하십니다. 우리 참자아는 주님의 영과 우리 영이 연합하여 한 영이 된 것입니다. 말씀으로 거듭난 '진정한 나'는 생각 이전에 이미 거룩한 존재로 그리스도 안에 존재합니다. 우리 혼이 본래 있어야 할 자리로 돌아와 그리스도 안에 거하면, 혼은 참자아를 의식합니다. 즉 나 자신이 진정 누구인지를, 주 성령께서 숨결에 의식하게 하십니다. 이미 온전합니다. 이미 의롭습니다. 이미 영광스럽습니다.

우리 혼이 강건하면, 모든 일에 자족하며 형통합니다. 보이는 대로 살지 않고 믿음의 실상을 갖고 살기에, 아무런 조건 없이 내 모습 이대로 감사하며 기쁩니다. 조건 없이 가족과 이웃을 그 모습 그대로 존중합니다. 또한 몸과 마음이 치유를 받습니다. 이사야가 예언하고 예수님이 성취하신 것을 베드로와 교회가 증언한 말씀은 지금 우리들 가운데에서도 동일하게 역사합니다.

"그가 매를 맞아 상함으로 여러분이 나음을 얻었습니다"(이사야서 53:5; 마태복음 8:17; 베드로전서 2:24).

지금은 백 배의 복을 누리고, 주 예수님 다시 오시어 펼치시는 영원한 그리스도의 나라에서는 영생의 복을 누립니다. 하나님 임재 연습 10주 70일은 금생과 내생에 약속이 있는 것입니다.

하나님은 6일 동안 창조하셨습니다. 그리고 7일째에 동산을 거니시고 말씀으로 만물을 보존하시며 안식하십니다. 우리 주 예수님은 십자가에서 창조 본래의 목적을 성취하셨고, 이제 곧 오시어 새 하늘과 새 땅에서 영원한 그리스도 나라를 펼치십니다. 이것이 완성된 7일째 안식입니다. 하나님은 그리스도 안에서 '지금 이 순간 여기에' 그 안식을 펼쳐내고 계십니다. 그리스도 안에서 새로운 창조는 이미 시작되었습니다.

어떻게 하면 저 안식에 들어갈 수 있습니까? 하나님 임재 연습 10주 70일을 하면, 우리 혼이 본래 있어야 할 자리로 돌아가 하나님과 연합되는 인도를 받게 됩니다. 내 혼이 하나님과 연합되는 것이 바로 '안식'입니다. 하나님 임재 연습은 온 마음(심중) 다해 시선을 주님께 드리며 목숨 다해 숨결에 주님을 의식하며 하나님 면전에 머무는 경건 훈련입니다.

"네 마음을 다하고, 네 목숨을 다하고, 네 뜻을 다하고, 네 힘을 다하여, 너의 하나님이신 주님을 사랑하여라"(마가복음 12:30).

멈춥니다. 외부에서 내 안의 주님께로 방향을 전환하여 보이는 세계에 반응하여 생겨나는 생각과 감정을 멈춥니다. 그 생각과 감정은 나도 진리도 실재도 아닙니다.

포기합니다. 육신의 생각과 감정으로 빚어진 거짓 자아를 포기합니다. 포기는 내 안에 계신 주 예수님께로 나아가는 성전 문 열쇠입니다.

멈추고 포기하니, 그리스도 영 안에서 내 혼이 숨결에 내 주체 되시는 주 예수님을 의식하며 따릅니다. 혼soul이 생각과 감정에 끌려다니지 않고 성령님 인도를 받습니다. 혼이 끊임없이 하나님을 찬양하고 경배하는 우리의 참된 존재 상태를 의식합니다. 들숨에 '그리스도 안에서' 날숨에 '아버지 사랑으로' 3-4초 혹은 10여 초 간격으로 15분 정도 지속 반복합니다.

하나님 임재 연습 10주 70일, 익숙하지 않기에 연습을 합니다. 연습은 반복, 지속, 집중! 연습을 하면 익숙해지고, 결국 그 일을 마칠 수 있습니다. 그러면 안식 가운데, 주께서 우리 삶 가운데 나타나심을 수종 들게 됩니다.

1주 차 첫째 날 - 아침저녁으로 15분씩 임재 호흡기도

"호흡이 있는 자마다 여호와를 찬양할지어다. 할렐루야"(시편 150:6).
살아 있다는 것은 호흡한다는 것이며, 호흡한다는 것은 그분의 이름을 부르는 것입니다. 주의 이름을 부르는 것은 하나님 생명의 숨결을 호흡하는 것입니다.

임재 호흡의 중요 포인트는, 들숨과 날숨 사이에 멈춤을 두지 않는 것입니다. 들숨 3-4초, 날숨 3-4초를 멈추지 않고 계속 연결하여 호흡하며 시선을 온전히 주님께 둡니다. 그렇게 하여 생각과 감정이 내 혼을 사로 잡지 못하게 합니다. 이렇게 의식적으로 호흡을 조절하는 연습을 하게 되면, 우리 혼이 생각과 감정에 끌려다니지 않는 것을 경험하게 됩니다. 그 결과로, 하나님 임재 자리에서 우리 혼이 그리스도 영 안에 머물면 머물수록 끊임없이 하나님을 찬양하고 경배하는 자신의 존재 상태를 의식하게 됩니다. 우리 존재 중심에서부터 의와 희락과 평강이 솟아납니다.

첫 사람 아담은 '생혼a living-soul'이었으나 보이는 것에 속박됨으로 죄와 사망에 떨어졌습니다(창세기 2:7, 3:23). 반면에, 마지막 아담은 '생명을 주는 영a life-giving spirit'입니다(고린도전서 15:45). 내 안에 마지막 아담이신 그리스도 사십니다. 예수님과 연합하여 한 영 된 우리는 생명을 주는 영입니다. 우리의 참된 모습입니다. 나는 누구입니까? **그리스도 안에 있는 나는 생명을 주는 영입니다.**

그런데, 육신flesh으로는 영spirit을 알 수도 볼 수도 만질 수도 없습니다. 따라서 육신으로는 우리의 '진정한 나'를 알 수 없습니다. 영은 영으로 지각됩니다. 주님의 영과 우리 영이 연합하여 한 영 되어 있는 '진정한 나'는, 거룩한 영 성령님을 체험하고 인도하심을 받을 때 비로소 알게 됩니다. 그러므로 외부에서 내면으로 방향을 전환하여 온 맘(심중) 다해 시선을 주님께 드리고 목숨(호흡, 혼) 다해 주님을 의식할 때, 성령께서 주도권을 가지시고 우리 혼으로 하여금 '진정한 나'를 의식하게 하십니다.

임재 호흡 가운데, 우리는 그리스도 안에서 성령님의 인도하심을 받으며 자신이 이미 거룩한 존재라는 것을 혼으로 의식하게 됩니다. **나는 거룩한 존재입니다. 나는 영적 존재입니다. 나는 하나님 자녀입니다. 나는**

하나님의 의가 됩니다. 가슴으로 '그리스도 안에서' 하며 코로 3-4초 들이마실 때, 사방에서 생기가 불어와 마른 뼈들을 살리듯 내 몸 구석구석으로 하나님의 숨이 전달되는 것을 의식합니다. 가슴으로 '아버지 사랑으로' 하며 코로 3-4초 내쉴 때, 하나님의 숨결이 존재 중심에서 가슴으로, 그리고 온몸을 지나 코로 나가 온 우주로 퍼져 나가는 것을 의식합니다. 10주 70일을 통해 임재 호흡이 자연스러워지면, 그렇게 들숨과 날숨을 통해 하나님 생명을 의식하며 그리스도의 통치를 온몸으로 체험하게 됩니다.

1주 차 둘째 날 - 아침저녁으로 15분씩 임재 호흡기도

"생각과 감정과 신체의 훈련은 이익이 거의 없습니다. 그러나 경건은 모든 면에 유익합니다"(디모데전서 4:8, 개인 번역).

"For bodily exercise profiteth little: but godliness is profitable unto all things"(1 Tim. 4:8 KJV).

세상에서 몸(생각, 감정, 신체)의 훈련은 굉장히 큰 유익을 줍니다. 그런데 악마의 세력 아래 있는 세상으로부터 육체의 욕망과 눈의 욕망과 세상 살림에 대한 자랑이 나오기 때문에(요한1서 5:19, 2:16), 그 유익들에 집착하게 되고 근심 걱정 속에 추구하다가 결국 죄와 사망에 떨어집니다. 배후에 원수 마귀가 있기 때문입니다. 그래서 성경은 증언합니다.

"몸의 훈련은 유익이 거의 없다."

반면에, 경건은 모든 것에 유익합니다. 경건을 위한 하나님 임재 연습은 '지금 이 순간 여기에' 영원히 현존하시는 하나님 생명과 연결되어 숨 쉬며 시선을 주님께 두게 합니다. 우리는 죽기 전에 죽었습니다. 집착하는 과거와 추구하는 미래의 심리적 시간에서 해방되었습니다. '지금 이 순간 여기에' 영원히 현존하는 하나님 생명과 연결되어 있는 나는 '온전함, 의, 영광, 거룩, 사랑'인 하나님 자녀입니다. 자녀의 몸(생각, 감정, 신체)을 통해 이 땅에 하나님 영광을 나타내십니다. 하나님 자녀가 믿음으로 행하는 생각과 느낌을 통해, 그리스도 나타나십니다. 신체의 훈련과 활동을 통하여 우리 하나님의 의가 나타납니다.

그러므로 하나님 임재 연습은 모든 면에 유익을 줍니다. 주님께서 말씀하시는 오늘이라고 하는 이날, 한 번에 하루씩 살아가는 생활의 모든 면에서, 우리는 그리스도를 살며 그리스도를 나타냅니다. 아침에 15분, 저녁에 15분 임재 호흡기도는 모든 면에 유익을 주는 경건 훈련입니다.

'예수 기도'로 유명한 러시아의 무명의 순례자는 하루에 1만 번씩 임재 호흡기도를 하며 순례하였습니다: 가슴으로 들숨에 '주 예수 그리스도 하느님의 아들이시여' 날숨에 '자비를 베푸소서'. 끊임없는 하나님 임재 연습 가운데 결국 그 순례자는 하나님과의 연합Union with God에 들어갔습니다.
"저는 의식적으로 제 심장을 들여다보면서 숨을 들이쉬고는 '주 예수 그리스도님' 하고 외치고는 숨을 그대로 가슴에 머물게 했으며, 잠시 뒤에 '저에게 자비를 베푸소서' 하면서 숨을 내쉬었습니다. … 어떤 때는 예수 그리스도의 이름만 불러도 알 수 없는 기쁨이 턱에 와 닿고 '하나님 나라는 너희 가운데 있다'(누가복음 17:21)라고 하신 주님의 말씀을 실감하게 되었습니다. 저는 이런 은총 가운데 끊임없이 내심의 기도를 바침으로써 그 기도의 효험이 이성과 감각과 지각을 통해서 두루 나타난다는 사실을 깨달았습니다"(책《이름 없는 순례자》중에서).

1주 차 셋째 날 - 아침저녁으로 15분씩 임재 호흡기도

사람은 갓 태어나서 어른이 되기까지 다양한 삶의 단계에서 다른 방식으로 세상을 경험하고 지식을 축적합니다. 이러한 경험과 지식의 축적 과정은 주관적입니다. 그래서 일생 동안 다루어야 할 생각과 감정의 압도적인 과정이 각자 앞에 놓여 있습니다. 많은 생각들이 풀리지 않은 미완성의 퍼즐처럼 쌓여 있고, 많은 감정들 역시 억압되고 억눌려 있습니다.

신생아는 에너지가 흐르는 감정으로 세상을 대면합니다. 감정emotion은 에너지의 흐름입니다(emotion = energy in motion). 옹알이를 하면, 언어 표현 속에 생각으로 세상을 대면합니다. 생각의 정신작용 속에, 아빠, 엄마, 숟가락, 맘마, 장난감 등등 물질 대상에 이름표를 달아 줍니다. 이런 인식 작용을 통해, 감정의 에너지 흐름으로 대면하던 세상은 점차적으로 물질로 변환되어 세상을 신체로 대면합니다.

좀 더 자라면, 생각으로 살아가기 위해 감정을 억누릅니다. 선과 옳음을 선택할수록 보상이 뒤따르기에, 두려움에서 비롯된 분노와 연민의 감정을 억누르고 죽이니, 에너지 흐름이 군데군데 막힙니다. 십 대 때에는, 감정과 생각은 신체에 종속되어, 신체로 세상을 대면하기 시작합니다.

어른이 되면, 눈에 보이는 세상의 딱딱한 표면만을 인식하는 데 익숙합니다. 내면의 여기저기에 울고 있는, 즉 에너지의 흐름이 막혀 있는 어린아이가 있는 어른입니다. 마치 포로수용소 감옥에서 내 안에 울고 있는 아이를 품고 사는 수감자 같습니다.

멈춥니다. 눈에 보이는 모든 것을 포기합니다. 아침에 15분, 저녁에 15분, 하나님 임재 호흡기도 연습을 합니다. 외부에서 내면으로 방향 전환, 시선을 내 안의 주님께로 돌립니다. 숨을 3-4초 들이쉬며 속으로 '그리스도 안에서' 숨을 3-4초 내쉬며 속으로 '아버지 사랑으로' 지금 이 순간 여기 숨결에 영원히 현존하시는 주님 계심을, 믿음으로 선포합니다.

끊임없이 쫑알대며 임재 호흡을 방해하고 저항하는 생각들 속에서도, 끊임없이 외부에서 내면으로 방향을 전환할 때, 주 성령께서 주장하며 인도합니다. 불편하고 익숙하지 않은 임재 호흡이 점차로 좋아집니다. 이 믿음 통해 기름을 부으시니, 주께서 우리 몸(생각, 감정, 신체)을 만지시고 치유하시고 다스립니다. **십자가에서 이루신 모든 약속들을, 우리로 하여금 지금 이 순간 여기서 누리게 하십니다.** 포로수용소 감옥에서 나왔습니다. 하나님 나라 시민 되어 새로운 피조물로서 살게 하십니다. 영적 존재입니다.

1주 차 넷째 날 - 아침저녁으로 15분씩 임재 호흡기도

동물과 인간의 구별 기준은 '즉각적 반응을 보이는가, 필터링을 하는가'에서 갈라집니다. 뇌에 지각된 감각에 늘 즉각적인 반응을 하며 행동하면 동물입니다. 뇌에 지각된 감각을 기억의 필터링을 통해 반응하고 행동하면, 생각하기에 존재하는 사람입니다. (기억은 경험과 지식의 축적입니다. 지난 것이요 옛일에 대한 축적입니다. 따라서 사람은 과거를 돌아보며 의도적으로 필요한 부분을 훈련합니다.)

신생아는 동물처럼 즉각 반응 속에 울고 웃고 자고를 반복합니다. 그러나 옹알이를 하며 경험이 축적되면서 조금씩 기억의 필터링이 작동되기 시작합니다. '배고픈데 울면 엄마가 젖을 주는구나.' 표면으로 의식하며 울기 시작합니다. 대여섯 살이 되면, 이런 인지기능이 자리를 잡습니다. 엄마 머리 꼭대기에 앉았다며 '미운 일곱 살'이라고 부르는 시기입니다. 그런데, 이런 인지기능은 두려움에서 비롯된 감정의 원초적 분노와 원초적 연민의 에너지를 억압하고 죽이며 자리를 잡은 것이기에, 차별적으로 작동되거나 때론 작동이 제대로 안 되기도 합니다. 그래서 다 큰 어른임에도 불구하고 뇌에 지각된 감각이 동물처럼 육신과 안목의 욕구와 세상 살림살이에 대한 자랑의 욕구에 즉각 반응되어 행동으로 나타나기도 합니다. 통제되지 않고 막혀 죽은 척하고 있는 감정들은 기억의 필터링에 포착되지 않기에, 그냥 분출되어 짐승 같아지는 겁니다.

어릴 적 감정은 정말 죽은 게 아닙니다. 죽은 척하며 억눌려 숨어 있습니다. 그래서 감정, 즉 에너지의 흐름이, 혈관에 지방이 많이 껴 성인병을 유발하듯, 그렇게 막혀 불편을 초래합니다. 알고도 모르고도 그냥 불편합니다. 불편하다 못해 포로수용소 감옥 같은데, 감정의 에너지 흐름이 원활하지 못해서 그런 것입니다. 악착같이 억누르며 기억의 필터링을 통해 생각으로 컨트롤하며 행동하면 위선자 바리새인이 되고, 필터링 없이 감각되는 대로 그 욕구를 바로 행동으로 옮기면 짐승같이 되고…. 진퇴양난 사면초가입니다.

"온 세상은 악마의 세력 아래 놓여 있습니다"(요한1서 5:19).

잠재층에 있는 감정과 그에 따른 생각은, '하나님 임재 연습' 가운데 주께서 만지시고 치유하심으로 영의 생각과 영의 감정으로 회복됩니다. 10주 70일 아침저녁으로 임재 호흡기도를 하면, 그 회복을 몸소 경험하게 됩니다. 십자가에서 이루신 약속들을 누립니다. **그리스도 안에 새로운 피조물 됨을 체험하며 생활 가운데 그리스도를 나타내게 됩니다.**

사람이 동물과 다른 것은, 의도적으로 연습을 한다는 것입니다. 오늘 10주 70일 4일 차, 하나님 임재 연습을 합니다. 아침에 15분, 저녁에 15분. 최소 시간이니, 여건이 허락되고 성령님의 인도가 있으면 30분, 1시간, … 계속 주님을 따라갑니다. 외부에서 내면으로 방향을 전환하여 내 안의 주님께 시선을 집중하며, 들숨에 속으로 '그리스도 안에서' 날숨에 속으로 '아버지 사랑으로' 호흡을 끊지 않고 계속 이어감으로 방해하는 생각을 뿌리칩니다. 잘 안되는 호흡에 집중하다 보면, 생각은 생각대로 계속 방해해도 별 상관이 없습니다. 그냥 내버려 두고 성령님 인도 따라 갈 길 가면 됩니다. 내 존재 중심에 계신 나의 주 나의 하나님 내 신랑께로 끊임없이 성령님 인도 가운데 나아갑니다.

1주 차 다섯째 날 - 아침저녁으로 15분씩 임재 호흡기도

멈추고 포기하고 방향 전환하여 그리스도 영 안에서 시선을 온 맘 다해 주님께 둡니다. 들숨과 날숨 가운데, 숨결에 주님 임재를 의식하니, 그 숨결은 영이요 생명입니다. 내 혼이 성령님 인도를 받습니다. 온 맘 다해 목숨 다해 뜻과 힘 다해 그냥 이렇게 있는 것이 기도입니다. 때론 산만하고 어수선해, 생각이 '너 뭐 하는 거냐'며 온갖 잡념들을 가져와 방해해도, 내

버려 두고 그냥 이렇게 하나님 앞에 머뭅니다.

우리 기도 자리는 심중(카르디아)이기 때문입니다. 주체는 '육신의 나'가 아닌 내 안에 계신 그리스도이십니다. 주도권을 그리스도의 영 성령께서 온전히 가지셨습니다. 우리는 심중(잠재층)에서 하나님 뜻을 따라 어떻게 기도해야 할지 알지 못합니다. 그러나 성령께서 이루 다 말할 수 없는 탄식으로, 우리를 대신하여 간구하여 주십니다(로마서 8:26-27).

만약 잠재의식의 세계에서 주체가 '육신의 나'가 되면 어떨까요? 무조건 그리스도 밖으로 떨어집니다. 선악과를 먹고 눈이 밝아 에덴동산에서 쫓겨나는 것입니다. 그리고 심중(잠재층)을 파헤치며 시비선악을 가르니, 의심과 상처의 돌짝들이 파도파도 끊임없이 나옵니다. 쉼 없이 판단하고 정죄합니다. 걱정근심 원망불평의 가시덩굴과 엉겅퀴들이 서로 뒤섞여, 육신의 수고가 그치지 않고 짐은 점점 더 무거워집니다. 예수를 믿어도 마치 구약 백성처럼 하나님과 분리 속에 늘 살려달라고 결핍 속에 부르짖거나, 바리새인처럼 '안 그런 척' 위선으로 살게 됩니다. 실낙원.

이러한 내가 그리스도와 함께 십자가에 못 박혔다는 것이,
주의 종들이 전파한 하나님 나라 복음입니다.

죽기 전에 죽은 것입니다. 현재를 회피하고 과거에 집착하며 쉼 없이 미래를 추구하는 심리적 시간에서 해방된 것입니다. 지금 이 순간 여기에 내 모습 이대로 하나님 생명과 연결되어 그리스도 영 안에서 펼쳐지는 에덴동산입니다. 주체는 '나'가 아닌 '내 안의 그리스도'이십니다. 주도권은 그리스도의 영 성령님께 있습니다. 내 혼이 임재 호흡기도를 하며 에덴동산의 생명과실을 먹습니다. **정죄함이 없습니다. 사랑입니다. 하나입니다.**

"일상의 노동에 종사하는 동안에도, 그의 혼은 모든 지상의 문제들 위로 높이 올라, 근심이나 장래에 대한 염려 없이, 자기 혼의 근원이자 안식처인 하나님 안에 확고히 거한다. 그럴 때마다 믿음은 거의 언제나 그의 동반자이다. … 그가 하나님과의 이러한 관계를 그의 존재의 깊은 곳에서 지속했다는 점을 기억해 두자. … 하나님의 임재는 그 혼의 생명이며 자양분이다. … 그분과 함께 거하기 위해, 우리는 동물적인 본성에서 멀어져야 한다"(로렌스 형제, 《하나님의 임재 연습》 중에서).

1주 차 여섯째 날 - 아침저녁으로 15분씩 임재 호흡기도

"너는 기도할 때에 네 골방에 들어가 문을 닫고 은밀한 중에 계신 네 아버지께 기도하라 은밀한 중에 보시는 네 아버지께서 갚으시리라 또 기도할 때에 이방인과 같이 중언부언하지 말라 그들은 말을 많이 하여야 들으실 줄 생각하느니라 그러므로 그들을 본받지 말라 구하기 전에 너희에게 있어야 할 것을 하나님 너희 아버지께서 아시느니라"(마태복음 6:6-8).

방해받지 않는 조용한 곳에 자리를 잡고 앉습니다. 주님과 나만의 골방, 하나님 임재 자리입니다. 모든 시선을 온 맘 다해 주님께 드립니다. 들숨에 '그리스도 안에서' 가슴으로 되뇌며 숨을 3-4초 정도 코로 들이마십니다. 날숨에 '아버지 사랑으로' 가슴으로 되뇌며 숨을 3-4초 정도 코로 내보냅니다.

하나님 임재 연습 6일째입니다. 제법 숨결이 느껴집니다. 내 모습 이대로 숨결을 지금 이 순간 여기에서 의식하며 신체로 그 숨결을 느낍니다. 엉덩이가 바닥에 닿아 있는 느낌, 피부에 숨결이 전해지는 느낌을 의식합니다. 그 숨결 속에 주님의 기름 부으심이 온 신체로 전달됨을 **그냥 믿고 받아들입니다.**

과거에 골몰하면 생각에 붙잡혀 숨결을 느끼지 못합니다. 때론 뭘 한참 집착하다 보면, 숨을 안 쉬고 있는 자신을 발견하곤 합니다. 앞날을 걱정하며 생각에 몰두해도, 숨을 안 쉬다가 몰아쉬곤 합니다. 숨을 쉬는지 안 쉬는지도 모르고 살아가는 우리들 일상의 모습입니다.

그런데 이렇게 임재 호흡기도를 하니, '지금 이 순간 여기를' 숨결로 의식하며 신체로도 느낍니다. In the present, in the presence of God! 모든 시선을 주님께 드리니, 영원히 현존하시는 하나님 생명과 연결되어 있음을, 주 성령께서 지금 이 순간 숨결에 의식하게 하십니다. 일만 냥 탕감받은 기쁨과 평강으로 만지시고 다스리십니다.

임재 호흡기도를 하는 동안, 우리는 다양한 현상을 체험하게 됩니다. 물먹은 솜뭉치처럼 신체가 무거워지거나 반대로 깃털처럼 가벼움을 느끼기도 하고, 답답하고 차갑거나 혹은 포근하고 따스함을 느끼기도 합니다. 존재 중심에서부터 의와 희락과 평강이 솟아나는 것을 경험하기도 하고, 나 자신이 사라지거나 텅 비워지고 오직 주 예수님만 충만하심을 체험하기도 합니다. 또한 주의 영의 움직임을 느끼기도 합니다.
"주님께서 나를 보호하고 계신다는 확신을 가지기도 하고, 신체적으로는 온열 또는 미약한 전류의 흐름을 느끼기도 한다. 그것은 하나님의 임재에 따른 우리 몸의 반응이다. … 하나님의 생명은 영적 에너지이기 때문에 눈으로 볼 수 없지만, 그 생명이 우리의 몸에 임했을 때 우리는 그분의 생명을 우리 몸의 다양한 현상으로 느끼게 되는 것이다"(손기철,《킹덤빌더의 영성》10장 '임재 호흡으로 하나님과 생명적 관계를 가져라' 중에서).

1주 차 일곱째 날 – 아침저녁으로 15분씩 임재 호흡기도

Q: 아침저녁으로 임재 호흡기도를 매일 했어요. 그런데 정말 많이 힘들어요.

A: 연습을 매일 해서 참 좋아요. 힘들었다니 더 반갑습니다. 제대로 하기 때문입니다. 처음에는 무조건 힘들어요. 그리고 하기 싫을 수도 있고요. 그래서 연습을 하는 것입니다. 만약 나이 들어 피아노를 처음 배운다고 생각해 보세요. 얼마나 힘들고 괴롭겠습니까? 몇 번 하다가 그만두기 쉽습니다. 그래서 저는 절대로 배울 생각 안 합니다. 그러나 임재 호흡기도는 모든 것에 유익을 주는 경건이기에, 싫어도 저항이 있어도 괴로워도 불필요하게 느껴져도 저는 무조건 합니다. 피아노도 무조건 하면, 나중엔 당연히 잘하겠지요. 임재 호흡기도도 10주 70일 아침저녁 15분씩 하면, 당연히 잘됩니다. 처음부터 피아노 잘 칠 수 없습니다. 임재 호흡기도 또한 마찬가지입니다. 그러나 10주 70일 하면, 잘할 수 있습니다. 보장합니다.

Q: 일주일에 3-4일밖에 못 해서 걱정이 됩니다. 더군다나 쓸데없는 짓 같고 시간 낭비 같다는 생각에 하기 싫고, 연습을 하는 중에도 그런

생각이 계속 방해를 해요.

A: 괜찮습니다. 3-4일이나 하셨어요. 그것을 씨앗으로 간주해 믿음으로 심으면, 주께서 그 믿음 받으십니다. 그리고 계속 방해가 된다면, 가룻 유다를 떠올려 보세요. 한 여인이 예수님 발 앞에 옥합을 깨뜨렸을 때, 정확히 그런 생각을 말과 행동으로 나타냈어요. 쓸데없는 짓이라고, 엄청난 낭비를 했다고 분통을 터트리며 말이죠. 육신의 생각은 늘 그런 식으로 작동됩니다. 생겨 먹은 죄 된 본성이 본래 그렇습니다. 야곱의 형 에서는 늘 육신의 생각을 합니다. 그래서 하나님의 때가 되어 주께서 야곱에게 축복을 베푸실 때에, 방해꾼 에서(육신의 생각)를 멀리 사냥터로 보내 버렸잖아요. 하나님 일하시는 방식입니다.

Q: 호흡 연습 내내 시달리다, 때론 깜빡 졸다 보면 15분이 다 지나 버려요.

A: 그래도 하나님 앞에서 보냈잖아요. 내 보기엔 쓸데없고 낭비 같아도, 주님은 '나 보기에 참 좋다' 하십니다. 중언부언 육신의 소리들을 너무 많이 기도라고 하는 세태 속에서, 하나님께서는 임재 호흡 가운데 그리스도 영 안에 머무는 당신을 정말 정말 희귀하고 존귀하게 보십니다. 이제 1주 했습니다. 나머지 9주를 계속 하다 보면, 이런 일에 익숙해집니다. 그러면 하루 24시간 내내 항상 기도하는 존재 상태가 됩니다. In the present, in the presence of God.

들숨에 '그리스도 안에서' 주께서 코에 생기를 불어넣으시니, 사방에서 생기가 불어와 살아나게 하십니다. 그리스도 영 안에 있음을, 내 혼이 숨결에 의식하며 통치를 받습니다. 날숨에 '아버지 사랑으로' 하나님과 일치된 우리의 믿음을 통해 주께서 만지시며 치유하십니다. 주 여기 계시어 새 길을 만드십니다. 기적을 일으키시고 약속을 지키십니다.

1주 차 요약
- 지난 7일 동안, 하나님 임재 연습과 숨 쉬는 훈련을 했습니다.

외부에서 내면으로 방향을 전환하여 내 안의 주님께 시선을 집중하며, 들숨에 속으로 '그리스도 안에서' 날숨에 속으로 '아버지 사랑으로' 호흡을 끊지 않고 계속 이어감으로 방해하는 생각을 뿌리칩니다. 잘 안되는 호흡에 집중하다 보면, 생각은 생각대로 계속 방해해도 별 상관이 없습니다. 그냥 내버려 두고 갈 길 가면 됩니다. 이 과정을 통해 주 성령께서 **생각과 분리된 우리 자신의 혼을 들숨과 날숨 숨결에 느끼게 하십니다.** 우리 혼이 그리스도 영 안에 속함을 의식하게 하시는 것입니다. 혼과 분리된 우리의 생각과 감정은 진리도 아니고 나도 아니고 실재하지도 않음을 알아차리게 하십니다. 내 존재 중심에 계신 나의 주 나의 하나님께로 끊임없이 이끄시니, 우리는 이제야 비로소 그리스도 안에서 새로운 피조물 된 것을 실제로 의식하며 누리게 됩니다.

멈추고 포기하고 방향 전환하여 그리스도 영 안에서 시선을 온 맘 다해 주님께 둡니다. 들숨과 날숨 가운데, 숨결에 주님 임재를 의식하니, 그 숨결은 영이요 생명입니다. 내 혼이 성령님 인도를 받습니다. 온 맘 다해 목숨 다해 뜻과 힘 다해 그냥 이렇게 있는 것이 기도입니다. 때론 '시간 낭비하며 쓸데없이 뭐 하는 거냐'며 속삭여도, 온갖 잡념들을 가져와 방해해도, 그냥 이렇게 하나님 앞에 머뭅니다.

우리가 하나님을 만나 기도하는 자리는 심중(카르디아)입니다. 주체는 '육신의 나'가 아닌 내 안에 계신 그리스도이십니다. 주도권을 그리스도의 영 성령께서 온전히 가지셨습니다. 우리는 심중(잠재층)에서 하나님 뜻을 따라 어떻게 기도해야 할지 알지 못합니다. 그러나 성령께서 이루 다 말할 수 없는 탄식으로, 하나님 뜻을 따라 우리를 대신하여 간구하여 주십니다(로마서 8:26-27). 그래서 우리는 그리스도 영 안에서 숨 쉬며 있는 것이 최선입니다.

지난 7일 동안, 그리스도 영 안에서 숨 쉬는 훈련을 했습니다. 지금 이 순간 여기에 내 모습 이대로 하나님 생명과 연결되어 그리스도 영 안에서 펼쳐지는 에덴동산에서 사는 훈련입니다. 주체는 '육신의 나'가 아닌 내 안의 그리스도이십니다. 주도권은 그리스도의 영 성령님이십니다. 내 혼이 임재 호흡기도를 하며 에덴동산의 생명과실을 먹습니다. **정죄함이 없습니다. 사랑입니다. 하나입니다.**

숨 쉬는 훈련을 통해, '지금 이 순간 여기'를 의식하며 계속 머뭅니다. 시선을 오직 주님께 두며 하나님 임재 가운데 숨을 쉽니다. 그 숨은 영이요 생명입니다. 그 숨은 사방에서 불어온 생기입니다.

이집트/세상에서 – 온 맘(심중) 다해 부르짖기

1. 이집트/세상에서 – 온 맘 다해 부르짖기

2. 예수가 우리를 부르는 소리, 그 음성은 부드럽습니다.

   1) 삼층천 하나님 보좌에서부터 흘러나오는 소리입니다.

   2) 이층천 보이지 않는 잠재층(심중과 양자장)에 그 말씀의 소리를 따라 믿음의 실상과 증거가 존재합니다.

3. 그런데…

   1) 보이는 대로 살아가면, 우리는 그 부드러운 음성을 듣지 못합니다.

   2) 보이는 현실 세계를 따라 보암직하고 먹음직한 대로 살기 때문입니다.

   3) 문제와 상황과 여건 형편과 시비선악에 붙잡혀 있습니다.

   4) 보이고 만져지는 몸(생각, 감정, 신체)을 '나'로 간주하며 삽니다.

   5) 죽음의 두려움 가운데, 몸에 묶여 숨 쉬는 '육신의 나'입니다.

4. 이집트/세상에 속한 하나님 자녀들에게 있어서, 예수가 부르는 그 부드러운 음성은, 고통과 괴로움으로 들립니다.

   1) 육신에 묶여 있기 때문입니다.

   2) 그러므로 온 맘(심중) 다해 부르짖으며 외부에서 내면으로 방향을 전환해 그리스도 영 안으로 나아갑니다.

5. 메신저 알아차리기

   1) 모든 고통과 괴로움과 불편함은 예수님이 당신을 해방시켜 주려고 보낸 구원의 메신저입니다.

   2) 그러므로 그것들을 메신저로 알아차리면, 2주 차는 성공입니다.

고통과 불편함은 주님께서 우리를 해방시키려고 보내신 메신저임을 알아차리기

하나님 자녀들은 세상 방식대로 살면 괴롭습니다. 악마의 세력 아래 세상이 돌아가기 때문입니다. 세상/이집트 사람들은 세상 방식대로 즐기며 잘 삽니다. 육신의 그리스도인들도 세상과 타협하여 나름대로 삽니다. 그러나 새 언약의 영의 자녀들은 그렇게 살면 공허하고 더 괴롭습니다. 더 이상 이렇게는 못살겠다고 탄식할 때, 하나님은 그들의 구원자 예수와 세운 새 언약을 기억하시고 그들 처지를 돌보십니다.

택한 백성에게 있어서 모든 고통과 괴로움과 불편은 예수님이 우리를 해방시켜 주려고 보낸 구원의 메신저입니다. 따라서 그것들을 메신저로 알아차리면, 임재 연습 2주 차는 성공입니다. 알아차리면, 돌아서게 됩니다. 메타노이아-생각 전환, 회개. 고난과 불편함을 메신저로 간주하는 것이 핵심 포인트입니다. 고통과 괴로움과 불편함을 메신저로 간주하면, 그것들에 대하여 즉각 반응하는 것을 멈출 수 있습니다.

동물들은 지각된 감각에 대하여 필터링 없이 즉각 반응합니다. 그런데 사람들이 동물처럼 그렇게 즉각 반응을 하게 되면, 다 큰 어른임에도 불구하고 어린아이처럼 감정을 폭발시키게 됩니다. 그리고 악화된 상황 속에서 비로소 생각을 하며, 선악의 이분법적 생각 가운데 고통과 괴로움과 불편을 부풀리고 과장하여 그것을 현실로 받아들이게 됩니다. 지옥입니다. 악순환은 지속 반복됩니다.

멈춰야 합니다. 포기해야 합니다. 고통과 불편함이 있을 때, 그것을 메신저로 간주하면 필터링이 작동됩니다. 그러면 모든 시선을 주님께 향하여 주님을 찾으며, 외부에서 내 안의 주님께로 방향 전환을 하게 됩니다. 시선을 주님께 온 맘 다해 두며 들숨과 날숨에 집중하여 육신의 생각을 떨쳐냅니다. 주 성령께서 이러한 우리를 주장하시며 예수님께로 인도합니다. 내면에서 펼쳐지는 천국 여행의 시작입니다. 그리스도 영 안에서 생명과실을 먹으며 '지금 이 순간 여기'를 삽니다.

하나님 자녀에게, 멈추고 포기하는 것은 편하고 쉽고 가벼운 것입니다. 주 예수님께서 먼저 그 멍에를 메셨기 때문입니다. 예수님이 나를 품고 죽으셨고 부활하셨기에, 나도 예수 그리스도 안에서 죽기 전에 죽고 다시 살아났습니다. 그래서 그 은혜로 인해 예수님과 함께 그 멍에를 메니 쉽고 가볍습니다. 멍에는 하나님 임재 연습입니다. 고통과 불편을 메신저로 간주하여 임재 연습 자리로 가져오니, 주님이 다스리시고 치유하시며 샬롬-하나님 질서와 평안을 베푸십니다.

2주 차 첫째 날 - 아침저녁으로 15분씩 임재 호흡기도

2주 차 훈련 목표는 '메신저 알아차리기'입니다. 모든 고통과 괴로움과 불편함은 예수님이 당신을 해방시키시려고 보낸 구원의 메신저입니다.

그러므로 당신이 그것들을 메신저로 알아차리면, 2주 차 임재 훈련은 성공입니다.

하나님은 말씀에 불순종하여 선악을 알게 하는 과실을 먹은 아담과 하와에게 대화를 건넵니다.

"네가 어디에 있느냐? … 네가 벗은 몸이라고, 누가 일러주더냐? 내가 너더러 먹지 말라고 한 그 나무의 열매를, 네가 먹었느냐? … 너는 어쩌다가 이런 일을 저질렀느냐?"(창세기 3:9-13).

그리고 하나님은 아담과 하와를 구원하기 위해서 그들의 핑계를 들으십니다. 고통과 수고의 괴로움을 내리신 것도, 그것을 통해 다시금 그들을 부르시기 위한 것입니다. 그래서 하나님은 가죽옷을 만들어 아담과 그의 아내에게 입혀 주십니다(창세기 3:21). 즉, 말씀이 육신 되시어 그 피 흘림으로 구속, 곧 죄 사함을 베푸십니다. 그러므로 하나님 자녀들에게 있어서, 고통과 괴로움과 불편함은 하나님이 자녀들을 되찾기 위해 보내신 구원의 메신저인 것입니다. 이것을 알아차린다면, 우리는 내 모습 이대로 담대히 하나님 임재를 구하며 주께로 더 가까이 나아갈 수 있습니다.

알아차리지 못하면, 고통과 불편함에 대해 동물처럼 즉각 반응하여 아이처럼 감정을 폭발시키거나 기억의 필터링을 통해 육신의 생각에 빠지게 됩니다. 그리고 탄식합니다. '왜 나에게 이런 일이.' 그리고 너무도 쉽게 하나님을 원망하는 불순종의 자리로 떨어지게 됩니다.

반면에, 임재 훈련이 되어 있어 알아차리면, 즉각 반응이 아닌 영적 필터링을 통해 외부에서 내면으로 즉시 방향을 전환하게 됩니다. 그리고 선포합니다. '주께서 구원의 메신저를 보내신 거야.' 천성에 가는 길 험하여도 생명 길 되기에 불편하고 고통스러운 내 모습 이대로 지속해서 주님을 찾게 됩니다.

"우리는 환난을 자랑합니다. 우리가 알기로, 환난은 인내력을 낳고, 인내력은 단련된 인격을 낳고, 단련된 인격은 희망을 낳는 줄을 알고 있기 때문입니다"(로마서 5:3-4).

"나의 형제자매 여러분, 여러 가지 시험에 빠질 때에, 그것을 더할 나위 없는 기쁨으로 생각하십시오. 여러분은 믿음의 시련이 인내를 낳는다는 것을 알고 있습니다. 여러분은 인내력을 충분히 발휘하여, 조금도 부족함이 없이 완전하고 성숙한 사람이 되십시오"(야고보서 1:2-4).

2주 차 둘째 날 - 아침저녁으로 15분씩 임재 호흡기도

"이스라엘 자손이 … 고된 일 때문에 부르짖는 소리가 하나님께 이르렀다. 하나님이 그들의 탄식하는 소리를 들으시고, 아브라함과 이삭과 야곱에게 세우신 언약을 기억하시고, 이스라엘 자손의 종살이를 보시고, 그들의 처지를 생각하셨다"(출애굽기 2:23-25).

고된 일 때문에 부르짖는 자들은 주 하나님과 언약을 맺은 아브라함과 이삭과 야곱의 자손입니다. 언약백성에게 있어서 모든 고통, 괴로움, 불편함은 예수 그리스도께서 당신을 해방시켜 주려고 보낸 구원의 메신저입니다.

그러므로 외부에서 내면으로 방향을 전환하여 시선을 내 안의 주님께 집중합니다. 숨결에 주님을 의식하며 구원의 메신저로 알아차린 고통과 괴로움과 불편함을 직면합니다. 들숨에 '그리스도 안에서' 속삭이며 코를 통해 숨을 3-4초 가슴으로 들이마십니다. 날숨에 '아버지 사랑으로' 속삭이며 코를 통해 숨을 3-4초 가슴으로 내쉽니다. 들숨과 날숨의 연결에 틈을 주지 않습니다. 그래서 괴로운 생각과 감정에 내 의식이 붙잡히지 않게 합니다. 연속된 들숨 날숨을 의식하게 되면, 우리는 시선을 오직 주님께 드리며 집중하게 됩니다. 그리고 우리가 **지금 이 순간 여기에 영원히 현존하시는 하나님 생명과 연결되어 있음을 자각**하게 됩니다.

주 성령께서 그리스도 안에 있는 당신의 혼을 존재 중심의 그리스도께로 이끄십니다. 낮에는 구름기둥으로 밤에는 불기둥으로 지키시고 보호하셨듯이, 그렇게 우리를 주님께로 인도하십니다. 그리고 우리의 그 믿음을 통해 주께서 내 혼과 몸(생각, 감정, 신체)을 사로잡으시고 주장하십니다. 만지십니다. 치유하십니다. 새롭게 하십니다. 회복시키십니다. 여전한 고통과 괴로움과 불편 속에서도 알지 못하는 평안과 기쁨이 함께하니, 견딜 만합니다. 고통과 불편이 있는 내 모습 이대로 괜찮은 겁니다. 오직 소망이 주께 있음을 고백하게 하십니다. 멈추었습니다. 포기했습니다. 주님을 따릅니다. 주님께 속삭입니다. *'주님, 저 괜찮아요. 주님, 이전보다 더욱 사랑합니다.'* 지금 이 순간 여기 하나님 임재 안에서. In the present, in the presence of God.

하나님은 내 안에 계신 그리스도와 새 언약을 맺으셨습니다. 누구든지 주의 이름을 부르면, 죽음에서 생명으로, 고통과 괴로움에서 기쁨과 행복에로 옮겨 주십니다. 이것에 차별은 없습니다(로마서 10:12-13). 누구든지 하나님 임재 연습을 하면, 단기적으로는 지금 이 순간 여기에 연결된

하나님 생명을 자각하는 능력이 생겨나 생각과 감정에 안정감이 생깁니다. 장기적으로는 내 혼이 하나님과 연합하여 한 영 되는 복을 받습니다. Union with God. 이것에 차별은 없습니다.

2주 차 셋째 날 - 아침저녁으로 15분씩 임재 호흡기도

고통과 불편이 있는 것은, 믿음대로 생각하고 말하고 행동하는 것이 아닌, 보이는 대로 생각하고 말하고 행동하였기 때문입니다. 그 결과, 생명이 아닌 선악으로 생각하고 판단하고 선택할 수밖에 없으니, 쉼 없이 끊임없이 헤아리고 정죄하며 삽니다. 그 열매/결과가 고통과 괴로움과 불편입니다.

죄성과 원죄를 가지고 태어난 인생의 본질은 고난suffering 가운데 놓여 있는 불안과 염려입니다. 온 세상은 악마의 세력 아래 놓여 있기 때문입니다(요한1서 5:19). 이 세상 신 마귀가 선악의 구조 속에 믿지 않는 자들 마음을 어둡게 하여 자기 세상을 구축했습니다(고린도후서 4:4).

"일생 동안 죽음의 공포 때문에 종노릇하는 사람들"(히브리서 2:15). 몸은 죽음을 두려워합니다. 경험적으로도 그렇고, 눈에 보이는 대로도 그렇습니다. 우리 몸은 풀이나 풀의 꽃처럼 피어올라도 결국에는 그리고 때로는 예측 못 하는 사이에 죽음을 맞이합니다. 우리는 그것을 눈으로도 확인할 수 있고 때로는 그것을 직접 경험하기도 합니다. 그러므로 그렇게 죽음을 두려워하는 몸을 '나'로 간주하며 살 수밖에 없는 인생에 있어서, 불안과 염려는 숙명인 것입니다.

그런데 주 하나님은 그렇게 고통스럽고 불안해하는 그 열매들로 인해 오히려 자녀들을 부르시어 구원하십니다. 가죽옷을 손수 만들어 입혀 주시면서 그들의 처지를 생각하고 돌보아 주십니다.

"주 하나님이 가죽옷을 만들어서, 아담과 그의 아내에게 입혀 주셨다"(창세기 3:21).

피 흘림 없이 가죽옷은 생기지 않습니다. 피 흘림 없이는 죄 사함도 없습니다. 하나님께서 자신의 피 흘리심을 통해, 고통과 괴로움과 불편 속에 허덕이는 자기 백성들을 하나님 형상 회복의 자리에까지 다시 찾으시는 것입니다.

'죄성과 원죄의 멍에를 벗고 신성과 원복의 멍에를 메라' 하십니다. 그리고 하나님 임재 훈련을 하라고 하십니다. 고통과 괴로움과 불편함을, 주 예수께서 나를 구원하시는 메신저로 간주하여 외부에서 내 안에 계신 주 예수께로 방향을 전환하여 나오라 하십니다.

"내가 너에게 쉼을 주리라. I will give you rest"(마태복음 11:28).

그래서 우리는 고통과 불편이 있는 내 모습 이대로 외부에서 내면으로 방향을 전환합니다. 하나님 임재 호흡 가운데, 우리는 **'괜찮다'** 하시는 주님의 온유한 음성을 듣습니다. 우리는 하나님 임재 가운데의 숨결로 주님께서 **만지시고 치유하시고 회복시키시는 지금 이 순간 여기**를 의식합니다. 천국입니다.

2주 차 넷째 날 - 아침저녁으로 15분씩 임재 호흡기도

혼이 몸에서 떠나면, 우리는 그 몸을 죽은 시체라고 말합니다. 몸은 생명과 에너지를 혼으로부터 얻고 있기에, 혼이 떠나니 시체가 되는 것입니다.

"아나니아가 이 말을 듣고 엎드러져 **혼이 떠나니** … 젊은 사람들이 일어나 시신을 싸서 메고 나가 장사하니라"(사도행전 5:5-6).

"그 아이 위에 몸을 세 번 펴서 엎드리고 여호와께 부르짖어 이르되 내하나님 여호와여 원하건대 이 아이의 혼으로 그의 몸에 돌아오게 하옵소서 하니 여호와께서 엘리야의 소리를 들으시므로 **그 아이의 혼이 몸으로 돌아오고** 살아난지라"(열왕기상 17:21-22).

혼이 외부를 향하여 생명과 에너지를 뿜어 주던 것을 거두고 내면으로 향하니, 생명과 에너지 공급이 중단되어 우리 몸(생각, 감정, 신체)은 죽은 상태가 됩니다. 죽기 전에 죽은 것입니다. 그리스도와 함께 십자가에 달렸습니다. 악마의 세력 아래 놓인 세상/외부에 대해 죽었습니다. **죽었으니, 더 이상 생각과 싸울 이유도 없고 감정에 시달릴 필요도 없습니다. 오만 가지 생각들의 들락거림과 그에 따른 희로애락의 감정들을 그 모습 그대로 그냥 그렇게 내버려 두면 됩니다. 그것들은 진리가 아닙니다. 나도 아닙니다. 실재하지도 않습니다.**

다만 한 가지만 알아차리면 됩니다. '그 고통과 괴로움들을 통해, 주님께서 나를 회복의 자리로 부르신다.' 그렇게 알아차리니, 곧바로 외부에서 내면으로 혼이 내 안의 주님께로 향하여 하나님 임재로 더 가까이 나아갑니다. 포로수용소의 감옥 같은 생각과 감정과 신체의 제한에서 벗어나 나비처럼 훨훨 날아 내 존재 중심에 계신 그리스도 예수께로 나아갑니다.

주께로 더 가까이 나아가면 나아갈수록,
겉사람the outward man은 점점 더 약해집니다.
주께로 더 가까이 나아가면 나아갈수록,
속사람the inward man은 더욱 강건해집니다.

"우리의 겉사람은 낡아가나, 우리의 속사람은 날로 새로워집니다. 지금 우리가 겪는 일시적인 가벼운 고난은, 비교할 수 없을 정도로 영원하고 크나큰 영광을 우리에게 이루어 줍니다. 우리는 보이는 것을 바라보는 것이 아니라, 보이지 않는 것을 바라봅니다. 보이는 것은 잠깐이지만, 보이지 않는 것은 영원하기 때문입니다"(고린도후서 4:16-18).

2주 차 다섯째 날 - 아침저녁으로 15분씩 임재 호흡기도

고통과 괴로움과 불편들이 뇌 감각에 포착되었을 때, '그것들은 주께서 나를 회복의 자리로 부르시는 메신저야'라고 알아차렸음에도 불구하고, 하나님 임재 연습을 하지 않았으면 육신의 생각에 빠지게 됩니다.

그 기억의 필터링으로 인해 동물 같은 즉각 반응은 하지 않습니다. 그러나 그럼에도 불구하고 하나님 임재 연습을 하지 않아 몸에 그 훈련이 배어 있지 않으면, 외부에서 내면으로 전환을 안 합니다. 육신에 머물러 있기에 쉽게 지칩니다. 그냥 싫습니다. 지난 기억들을 불러 떠올리며 믿음 없는 소리를 하게 됩니다. '왜 나에겐 이런 메신저만 있어' 하나님을 불신하는지도 모르고 결핍 가운데 복을 내려달라고 부르짖습니다.

그런데 **그런 신앙 자세는 마귀를 기쁘게 하는 것입니다.** 처음부터 속이는 자요 살인하는 자 마귀는 정말 그런 신앙 자세를 원하고 좋아해서 꼭 보고 싶어 합니다. 마귀는 지난 기억들을 더 들춰내며 부정적인 에너지 흐름 속으로 더 들어가 육신의 생각의 열매를 많이 먹게 합니다. 선악과입니다. 우울합니다. 두려움과 분노와 연민 속에 사망을 먹습니다.

반면에, 하나님 임재 연습을 하면 할수록 알아차리는 즉시 생각을 멈추고 외부에서 내면으로 방향전환 합니다. 시선을 주 예수님께 집중하며 들숨 날숨 속에 주님 인도를 받습니다. 혼이 내 안의 주께로 더 가까이 나아가니, 혼이 겉사람the outward man에서 점점 더 멀어집니다. 혼이 몸(생각, 감정, 신체)에 묶여 있는 것에서 벗어나는 것입니다. 동시에, 혼은 하나님 임재 안으로 더 강력하게 이끌림을 받습니다. In the present, in the presence of God.

알아차리고 외부에서 내면으로 방향을 전환하니, 주님께서 그 믿음을 받으시고 친히 성령의 기름을 부으십니다. 주님께서 죽은 몸(생각, 감정, 신체)을 만지십니다. 주께서 만지시고 새롭게 하시니, 그리스도 영에 속한 내 혼이 새로운 생각, 감정, 신체를 경험합니다. 그리스도 안에서 영적 존재 되어 새로운 몸을 체험하는 것입니다. 주님께 속한 내 혼이 몸에 종노릇하지 않습니다. **혼이 떠난 육체는 주님이 무조건적으로 사랑하시고 나타나시는 해부학적 구조일 뿐입니다. 신령한 몸입니다.** 죄와 사망의 법으로 말미암아 역사하는 육신의 요구에서 해방되었습니다. 육신의 무게감에서 벗어났습니다. 그리고 그 빈 곳에 성령께서 생명을 부어 주시니, 혼은 새로운 영적인 몸을 경험합니다. 주 성령께서 거하시는 성전입니다.

"누구든지 그리스도 안에 있으면, 그는 새로운 피조물입니다. 옛것은 지나갔습니다. 보십시오, 새것이 되었습니다"(고린도후서 5:17).

"그리스도 예수 안에 있는 사람들은 정죄를 받지 않습니다. 그것은, 그리스도 예수 안에서 생명을 누리게 하는 성령의 법이 당신을 죄와 죽음의 법에서 해방하여 주었기 때문입니다"(로마서 8:1-2).

"여러분의 몸은 여러분 안에 계신 성령의 성전이라는 것을 알지 못합니까? 여러분은 성령을 하나님으로부터 받아서 모시고 있습니다. 여러분은 여러분 자신의 것이 아닙니다"(고린도전서 6:19).

2주 차 여섯째 날 - 아침저녁으로 15분씩 임재 호흡기도

고통과 괴로움과 불편함이 있을 때, 그것이 주님께서 나를 부르시는 구원의 메신저임을 알아차려 즉시 외부에서 내면으로 방향전환을 하는 것은, 하나님 임재 연습의 열매입니다. 임재 연습을 통해 그것이 몸에 익숙해질수록 내면으로의 방향전환이 쉬워집니다. 다르게 말해, 회개하게 됩니다. 회개metanoia는 생각noia을 육에서 영의 차원으로 전환meta하는 것입니다.

하나님 임재 연습이 되어 있으니, 고통과 괴로움을 구원의 메신저로 알아차려 육신의 저항을 뿌리치고 내면으로 방향을 전환합니다. 즉, 육신의 차원에서 영의 차원으로 생각이 전환되어 하나님 나라에 머무는, 진정한 회개가 본능적으로 이뤄집니다.

그러면 그때부터, 주 성령께서 더욱 강력하게 우리 혼을 우리 안의 주님께로 이끌어 주십니다. 때로는 지남철의 자석에 쇳가루들이 순식간에 몰려들듯이, 그렇게 강력하게 내 혼을 주님께로 끌어당겨 주십니다. 이 은혜로 이끌어 주시니, 고통과 괴로움과 불편 속에 의식 표면으로 떠오르는 부정적인 생각과 감정들 또한 '조건 없이' 그 모습 그대로 바라볼 수 있게 됩니다.

반면에, 표면으로 떠오르는 부정적인 생각과 감정을 '조건' 가운데 맞이하면 어떻게 될까요? 이집트인들이 겪은 10가지 재앙을 맞이하게 됩니다. 그들은 하나님 은혜에 대해 육신으로 저항하다가 그렇게 더 깊은 고통 속으로 들어갔습니다. 나 자신이 주체가 되어 잠재 영역에서 떠오르는 의식들을 *조건* - 내 형편, 내 상황, 내 입장, 내 문제, 내 생각 - 속에 맞이하면, 이집트인들이 겪은 10가지 재앙과 별반 차이가 없습니다.

평생 살면서 겪었던 부정적인 경험이 내면에 쌓이며 형성된 의심과 상처의 돌짝들이 끊임없이 의식 표면으로 떠오를 때, 우리는 이집트인들처럼 속수무책이 됩니다. 잠재 영역에 묻혀 있던 속 걱정, 속 근심, 속 원망, 그리고 속 불평의 가시덩굴 같은 잠재의식들이 표면으로 계속 올라온다고 상상해 보세요. 재앙이 따로 없습니다. 세상 사람들이 겪는 10가지 재앙은 자신들이 구축한 세상에서 겪는 것이요, 육신의 그리스도인들이 겪는 재앙은 종교생활 가운데 사사시대처럼 약속의 땅에서 겪는 것일 뿐, 두 재앙에는 별반 차이가 없습니다.

2주 차 일곱째 날 - 아침저녁으로 15분씩 임재 호흡기도

Q: 의식 표면으로 떠오르는 부정적인 생각과 감정들로 인해 죽을 지경입니다. 차라리 임재 호흡 연습을 안 하는 것이 더 좋을 듯합니다. 어떻게 해요?

A: 죽지 않은 가운데, 심중(잠재 영역)을 휘저어 돌짝과 가시덩굴을 끄집어내면, 그 지경에서 견딜 자가 누가 있겠어요? 저라도 그렇게는 못 합니다. 그런데, 속지 마세요. 질문을 하는 당신은 **이미 죽었어요.** 이집트에서 부르짖었던 자들은 이집트 백성들이 아니었습니다. 언약의 백성들이었습니다. 마찬가지로, 당신 또한 새 언약의 영의 자녀입니다. 그리스도 안에서 새로운 피조물인 영적 존재로서 내 안의 예수님께로 방향을 전환한 것입니다.

죽을 지경이 아니라, 이미 죽었습니다. 그러니 괜찮아요. 의식 표면으로 떠오르는 부정적인 생각, 감정들도 잠시 잠깐 그렇게 난리를 치는 것일 뿐입니다. *연습을 거듭할수록 그것들이 소멸되어 기쁨과 감사가 솟아나기도 하고, 아니면 그 모습 그대로에도 불구하고 그냥 잘 살게 됩니다.* 신기하지요? 보혈을 지나 아버지께로 나아간 천국은 본래 그렇습니다.

Q: 임재 호흡 연습을 2주나 했는데도 여전히 이런저런 생각들이 연습 중에 끊이지 않아요. 묘책이 있나요?

A: 아니요, 묘책은 없습니다. *'나는 생각한다. 그러므로 나는 존재한다'*

는 모토 아래 달려왔으니, 평생을 생각의 주도 아래 살 수밖에 없었고, 그러니 그것들이 하루아침에 다 끊어질 수는 없지요. 하지만 두 가지를 기억하면, 많은 도움이 될 겁니다.

첫째, 성령께서 당신 안에서 역사하셔서 다음과 같은 고백을 하게 하십니다.
"나는 나의 사랑하는 자에게 속하였으니 그분이 나를 갈망하신다"(아가 7:10, 개인 번역).
당신의 혼을 소유하는 것이 그리스도의 갈망이며, 그분은 계속해서 당신을 하나님 마음의 중심으로 더 깊이 끌어들이실 것입니다. 여기서는 당신의 부정적인 생각과 감정이 아무런 영향을 미치지 않습니다.

둘째, 당신의 부정적인 생각과 감정은 무의미하기에, 그것들이 당신의 뇌를 채우는 대로 그냥 놔둬야 한다는 것을 기억하는 것이 중요합니다. 그것들은 진리도 아니고 당신도 아니고 실재하지도 않습니다. **당신은 그것들에 거하지 않습니다.** 하나님 임재 호흡기도를 하면서, 당신은 지금 당신 안에 계신 그리스도께 모든 시선을 드리고 머무는 것입니다. 이것이 당신의 혼이 반드시 해야 할 전부입니다. 그렇게 하나님 임재 가운데 머물러 있으면, 부정적인 생각과 감정이 안개처럼 사라지는 것을 경험하게 될 것입니다. 그리스도 안에 존재하는 당신은 생각 이전에 이미 온전합니다. 이미 의롭고 거룩합니다.

참 진리는 이것입니다.

나는 그리스도 안에 존재한다. 그러므로 나는 생각한다.
'I AM' in Christ, therefore, I think.

Q: 하나님 임재 연습을 하면서 읽으면 좋은 책 한 권만 추천해 주세요.

A: 잔느 귀용의《예수 그리스도를 깊이 체험하기Experiencing the Depths of Jesus Christ》를 권합니다. 지금 성도님이 힘들어하는 부분에 대한 통찰을 줍니다. 그리고 경건의 핵심, 즉 혼이 외부에서 내면으로 방향을 전환하여 존재 중심의 주님과 연합하는 하나님 임재와 연합의 과정을 말하고 있습니다. 특별히 책의 23장 '예수 그리스도의 생명을 전하는 사역자들이여'에서, 초신자들이 회심하자마자 실제적인 기도와 내적으로 그리스도를 경험할 수 있도록 이끌어 달라고, 생명의 복음을 전하는 대가로 감옥과 유배지를 오가면서도 저자는 사역자들에게 간곡히 권합니다. 이러한 저자의 심정을 통해, 한 영혼이라도 더 혼의 구원을 이루기 원하시는 하나님 소원이 마음 깊이 와 닿습니다.

이 책은 성경책과 공통점이 있습니다. 성경은 읽기 힘든 책입니다. 그러나 자신을 포기한 자에게는, 성경은 성령님 인도 속에 쉽게 읽힙니다. 추천한 이 책이 그렇습니다. 자기 포기 없는 자가 이 책을 읽으면, 읽을 때 힘들어합니다. 책 전체는 자아의 소멸에 관한 것이기 때문입니다. 그러나 당신이 자아의 완전한 죽음을 경험하기를 원한다면, 이 책을 읽는 것을 통해 성령께서 당신을 사로잡아 주실 것입니다.

2주 차 요약
- 지난 7일 동안, 메신저를 알아차리는 훈련을 했습니다.

2주 차 훈련 목표는 '메신저 알아차리기'였습니다. 고통과 괴로움과 불편들이 뇌 감각에 포착되었을 때, '그것들은 주께서 나를 회복의 자리로 부르시는 메신저야'라고 알아차렸으면, 2주 차 훈련은 성공입니다.

알아차리지 못하면, 뇌 감각에 전달된 고통과 괴로움과 불편함에 대해 동물처럼 즉각 반응하여 아이처럼 감정을 폭발시키거나 필터링을 통해 육신으로 그 괴로움들을 붙잡고 생각에 빠지게 됩니다. 그리고 탄식합니다. '왜 나에겐 맨날 이런 일만 일어나는 거야.' 하지만 임재 훈련을 통해 알아차리면, 즉각 반응을 하지 않습니다. 필터링을 통해 감지하고 즉시 외부에서 내면으로 방향을 전환하게 됩니다. 그리고 선포합니다. '주님께서 구원의 메신저를 보낸 거야.' '이제 주님께서 나타나셔서 다스리시고 회복시키는 거야.'

하나님 임재 연습을 하면 할수록 알아차리는 즉시 생각을 멈추고 외부에서 내면으로 방향전환 합니다. 시선을 주 예수님께 집중하며 들숨 날숨 속에 주님 인도를 받습니다. 육신의 차원에서 영의 차원으로 생각이 전환되어 하나님 나라에 머무는 진정한 회개가 본능적으로 이루어진 것입니다. 혼이 그리스도 영 안에서 주께로 더 가까이 나아가니, 혼이 겉사람the outward man에서 점점 더 멀어집니다. 혼이 몸(생각, 감정, 신체)에 묶여 있는 것에서 벗어나는 것입니다. 동시에, 혼은 하나님 임재 안으로 더 강력하게 이끌림을 받습니다. In the present, in the presence of God.

주 성령께서 주도권을 가지시고 우리 혼을 우리 안의 주님께로 이끄십니다. 때로는 지남철의 자석에 쇳가루들이 순식간에 몰려들듯이, 그렇게 강력하게 내 혼을 주님께로 끌어당겨 주십니다. 이 은혜로 이끌어 주시니, 고통과 괴로움과 불편 속에 의식 표면으로 떠오르는 부정적인 생각과 감정들 또한 **조건 없이** 그 모습 그대로 바라볼 수 있습니다.

알아차리면 됩니다. 하나님 임재 연습이 되어 있으면 됩니다. 그러면 고통과 괴로움과 불편을 구원의 메신저로 간주하여, 주님께 더 빨리 나아가게 됩니다.

홍해에서 – 알아차렸으면,
그 응답 또한 반드시 있음을 확신하기

1. 홍해에서 – 알아차린 구원의 메신저에 대한 응답의 확신 갖기.
2. 고통과 괴로움과 불편의 어떤 극한 상황 속에서도
    1) 그것들을 메신저로 알아차렸다면, 그 메신저를 보내신 분이 하나님이시라는 것을 잊지 않습니다.
    2) 우리 혼이 그리스도 영 안에서 하나님을 의식한다면, 모든 상황은 종료된 것입니다. 부르짖을 필요도 없습니다.
    3) 그냥 주의 말씀대로 생각하고 말하고 느끼고 선포하니, 홍해가 갈라집니다.
3. 홍해의 갈라짐은 하나님의 절대주권입니다.
    1) 나의 상태와 상관없이, 이미 십자가에서 이루신 것입니다.
    2) '누구든지' 주를 믿고 부르는 자는 구원을 얻습니다.
    3) 메신저를 알아차리면, 누구나 응답의 확신을 갖습니다.
4. 홍해의 갈라짐은 성령 체험 속에 우리 속사람을 의식하는 겁니다.
    1) 속사람이 '진정한 나'입니다.
    2) 오직 그리스도 안에서 성령의 역사로만 체험됩니다.
5. 진정한 나를 알게 되면,
    1) 생각과 감정과 신체가 '나'가 아니라는 것을 알게 됩니다.
    2) 자기 십자가를 짊어진다는 것은 자기 자아의 죽음입니다.
       그 죽음 가운데 진정한 참자아, 즉 주님의 영과 내 영이 연합되어 한 영됨을 체험합니다.
6. 그 믿음을 통해 주께서 기름 부으시며 만지시고 치유하십니다.

3주 차

알아차렸으면, 믿음으로
그 응답의 확신을 갖고 살아가기

구원의 메신저를 알아차렸다면, 동시에 응답의 확신도 갖게 됩니다. 부르짖을 필요도 없습니다. 주님께서 모세에게 '너는 왜 부르짖느냐' 말씀하셨습니다(출애굽기 14:15). 응답의 확신 가운데, 고통과 괴로움의 극한속에서 계속해서 하나님 임재 연습을 하면 됩니다. 그러면 주 성령께서그 믿음을 받으시고 기름을 부으시며 모든 것을 가르치시고 필요한 것들을 공급해 주십니다(요한1서 2:27). 특별히 그리스도 영 안에서 우리 혼이 참자아를 의식하게 하십니다. 참자아는 주님의 영과 우리의 영이 연합하여 한 영 되어 있는 것입니다. 참자아는 이미 온전하고 의롭고 영광스럽습니다. 하나님께서 주 예수 십자가에 달리심을 통해 이 모든 것을이루셨습니다. 우리의 상태와 상관없이, 주께서 직접 절대주권으로 이루신 것입니다.

하나님을 믿는 모든 사람에게 이 은혜를 베푸십니다. 차별이 없습니다. 누구든지 주 예수를 믿는 사람은 구원을 얻습니다(로마서 10:13). 그러므로 메신저를 알아차렸다면, 그래서 외부에서 내면으로 전환을 하여 성령님의 인도를 받으며 내 안의 존재 중심에 계신 그리스도께 나아간다면, 메신저를 보내신 분으로부터 응답의 확신을 무조건 받게 됩니다. 그러므로 알아차림과 동시에 응답의 확신 또한 가지면 됩니다. 그러면 3주 차 하나님 임재 연습은 대성공입니다.

응답의 확신은 홍해의 갈라짐입니다. 예수를 그리스도(구원자)로 부르는 자들에게는, 이미 홍해가 갈라져 있습니다. 십자가에서 이루신 약속의 성취입니다. 갈라진 홍해를 건너는 것은 곧 성령님을 체험하는 것입니다. 외부에서 내면으로 전환하여 혼이 존재 중심의 그리스도를 향하면, 성령께서 홍해의 갈라짐을 체험케 하십니다. 즉 고통과 괴로움과 불편 너머의 의와 온전함과 영광 가운데 머무는 참자아를, 우리 혼이 의식하게 하십니다. 그리고 계속해서 홍해를 건너 존재 중심에 계신 그리스도 예수님께로 구름기둥, 불기둥으로 인도해 주십니다.

우리의 존재 중심은 어디입니까? 내 안의 주님은 어디 계십니까? 가슴이 존재 중심입니까? 배꼽 아래 단전이 존재 중심입니까? 아닙니다. 우리 주님이 내 가슴이나 배꼽 아래에 계십니까? 당연히 아닙니다. 우리의 존재 중심과 예수님은 신체의 제한을 받지 않습니다. **우리 존재 중심은 하나님 보좌 앞입니다.** 우리 영은 이미 하나님 보좌 앞에 앉힘을 받았습니다. 그러므로 알아차리고 응답의 확신 속에 주 성령님의 인도를 따라 끊임없이 하나님 보좌 앞으로 나아갑니다. 3주 차 임재 훈련입니다.

3주 차 첫째 날 - 아침저녁으로 15분씩 임재 호흡기도

"바로가 다가오고 있었다. 이스라엘 자손이 고개를 들고 보니, 이집트 사람들이 그들을 추격하여 오고 있었다. 이스라엘 자손은 크게 두려워하며, 주님께 부르짖었다. 그들은 모세를 원망하며 말하였다. '이집트에는 묘 자리가 없어서, 우리를 이 광야에다 끌어내어 죽이려는 것입니까? 우리를 이집트에서 끌어내어, 여기서 이런 일을 당하게 하다니, 왜 우리를 이렇게 만드십니까? 이집트에 있을 때에, 우리가 이미 당신에게 말하지 않았습니까? 광야에 나가서 죽는 것보다 이집트 사람을 섬기는 것이 더 나으니, 우리가 이집트 사람을 섬기게 그대로 내버려 두라고 하지 않았습니까?'"(출애굽기 14:10-12).

때로는 고통과 괴로움으로 인해 다 쓸데없고 낭비 같고 무익해 보이며 그래서 다 부질없는 것 같습니다. 그런데 그렇지 않습니다. 고통과 괴로움과 불편함을 구원의 메신저로 간주했다면, 메신저를 보낸 존재가 계십니다. 전지전능하신 야훼 하나님입니다.

갑자기 홍해가 갈라지며 길이 뻥 뚫립니다. 우리 하늘 아버지는 그런 분이십니다. 하나님이 자녀를 끌어당기시는 힘은 우리의 상상을 넘어 있습니다. 주님 일하시는 방식은 늘 그렇습니다. 메마른 시기를 지나며 정화되면 푸른 초장 에덴이 펼쳐집니다.

그러므로 기억합시다. 메신저를 알아차렸으면 응답 또한 반드시 주어진다는 것을 명심합시다. 그러면 계속 할 수 있습니다. 고통과 괴로움이 주께서 우리를 부르는 구원의 메신저인 줄 알아 주님의 얼굴을 구하며 따라나섰는데 더욱 힘들고 어려운 여건이 펼쳐집니다. 그래서 우리는 그 자리에 주저앉습니다. 그러나 그래도 상관없습니다. 시작하신 분이 전지전능하신 주 하나님이십니다. 내 형편, 내 조건을 보고 복을 베푸시지 않습니다. 조상 아브라함과 이삭과 야곱과 맺으신 그 언약을 기억하고 성취하시기 위해 백성들 앞에 놓인 홍해를 가르십니다. 마찬가지입니다. 하나님은 주 예수님과 맺으신 새 언약으로 인해, 누구든지 주의 이름을 부르는 자에게 그 사람의 형편과 조건과는 아무런 상관 없이 구원의 복을 베푸십니다.

이 응답은 이미 주어진 것입니다. 그러므로 우리는 하나님 임재 연습을 하면, 우리 조건과 형편과는 아무런 상관 없이, 오직 우리 구주 예수님으로 인해 단기간에는 몸으로 하나님을 체험하게 되고, 장기적으로는 우리 혼이 하나님과 연합하게 됩니다. 하나님 은혜입니다.

3주 차 둘째 날 - 아침저녁으로 15분씩 임재 호흡기도

홍해의 갈라짐은 우리의 조건과 아무런 상관이 없습니다. 주님의 절대 주권 가운데 십자가에서 이루신 모든 약속들을 우리로 하여금 누리도록 홍해를 가르신 것입니다. 그러므로 고통과 괴로움과 불편을 구원의 메신저로 알아차렸다면, 홍해를 가르듯 **구원의 손길이 반드시 임함을 확신합**니다.

먼저, 시선을 고통과 괴로움에서 구원의 근원이 되시는 내 안의 주님께로 옮깁니다. 우리 심령에서부터 의와 희락과 평강을 주심을 확신하며 들숨 날숨 숨결에 성령님 인도를 받습니다. 구름기둥, 불기둥으로 인도하시며 보호하십니다. 오늘 하루의 만나를 주십니다. 시내산 말씀의 자리로 이끄십니다. 내 주 예수님 계신 하나님 보좌입니다.

우리의 이 믿음을 통해 기름을 부으시니, 주께서
우리 혼과 몸을 사로잡으시어 만지시고 치유하십니다.

우리 혼이 그리스도 영 안에 머물며, 고통스럽고 괴로워하는 우리 육신을 조건 없이 바라봅니다. 우리 육신의 형편과 그로 인해 펼쳐지는 우리의 스토리를, 마치 드라마나 영화를 보듯 그렇게 지켜봅니다. 괴로워하고 불편해하는 내 육신의 삶은 진정한 '나', 즉 속사람이 아닙니다. 진리도 아닙니다. 실재하지도 않습니다. 다만 이 세상을 지나며 죄의 법을 섬기고 있는 겉사람의 모습일 뿐입니다.

그 모습을 지금 이 순간 여기에 영원히 현존하시는 하나님 생명과 연결하여 **조건 없이** 지켜봅니다. 마치 천국행 기차를 타고 가며 창문 밖으로 스쳐 지나가는 세상 풍경 속에 내 육신의 스토리가 펼쳐지며 괴로워하고 불안해하는 그 모습 그대로를, 물끄러미 바라보며 그냥 느껴 봅니다. 주께서 새롭게 하시며 회복시키시니, 영으로 몸의 행실을 죽음에 넘깁니다. 주님의 기름 부으심이 계속되니, 막혔던 감정의 에너지 흐름이 뚫리고, 구원받은 영적 존재로서 새로운 몸을 경험하게 하시며 의를 나타내십니다.

3주 차 셋째 날 - 아침저녁으로 15분씩 임재 호흡기도

"… 주님께서 이집트 사람들을 바다 한가운데 빠뜨리셨다. … 그래서 이스라엘 백성의 뒤를 따라 바다로 들어간 바로의 모든 군대는 하나도 살아남지 못하였다"(출애굽기 14:27-28).

주께서 홍해를 가르며 건너게 하시니, 그리스도 안에서 하나님 향하여 살게 하신 우리 참자아를 의식하게 하십니다. 이미 온전하고 의롭고 영광스럽습니다. 우리의 진정한 참모습입니다. 반면에, 뒤따라 바다를 건너던 우리 육신은 하나도 살아남지 못합니다. 다르게 말해, 복음과 그리스도와 하나님 나라 위해, 부모, 형제, 자녀, 배우자, 물질을 다 버린 것입니다. 죄와 세상과 율법에 대해 죽었습니다.

모든 시선을 고통이 아닌 기쁨의 주께로 옮깁니다. 우리 시선을 불편함에서 평안의 주님께로 옮깁니다. 3-4초 들숨에 '그리스도 안에서', 3-4초 날숨에 '아버지 사랑으로' 내 혼이 그리스도 영 안에서 성령님 다스림과 인도하심을 받습니다. 지금 이 순간 여기에 영원히 현존하시는 하나님 생명과 연결되니, 일만 달란트 탕감의 기쁨과 평강을 누리게 하십니다. 이 은혜 가운데, 천국행 기차 창문 너머에 비치는 여전히 고통스러워하며 불편함 가운데 자신의 스토리에 집착하고 있는 내 육신의 모습 그대로를 '조건 없이' 바라보며 그냥 느껴 봅니다. 여전히 괴롭고 불편한데, 그러나 동시에 평강과 기쁨이 함께합니다. 주님이 만지시고 치유하십니다.

주께서 만지시고 치유하실수록, 육신의 무게감이 줄어듭니다. 마치 이집트 군대가 바닷속으로 다 빠져 버렸듯이, 그렇게 우리 육신도 바다에 빠지고 이제는 괴롬과 불편함의 껍데기만 남은 것과 같습니다. 우리의 문제와 상황과 괴로움은 여전히 있음에도 불구하고 자유 합니다. 평강이 있습니다. 그리스도 영 안에 있기 때문입니다. **주께서 내 혼과 몸을 사로잡으시어 통치하십니다.**

3주 차 넷째 날 - 아침저녁으로 15분씩 임재 호흡기도

"이스라엘 자손이 이집트 땅에서 나온 뒤 셋째 달 초하룻날, 바로 그 날 그들은 시내 광야에 이르렀다. … 모세가 산으로 올라가 하나님께로 가니, 주께서 산에서 그를 불러서 말씀하셨다. … 이제 너희가 정말로 나의 말을 듣고, 내가 세워 준 언약을 지키면, 너희는 모든 민족 가운데서 나의 보물이 될 것이다. 온 세상이 다 나의 것이다"(출애굽기 19:1-5).

주께로 가까이, 주께로 갑니다. 모든 시선을 주님께 드리며 들숨 날숨 숨결에 주님을 의식합니다. 가슴으로 호흡하며 코로 들숨에 사방에서 불어오는 주님의 생기를 받아들이니, 코에서 가슴으로, 가슴에서 배꼽 아래까지 '숨의 길'이 만들어집니다. 들숨에 '그리스도 안에서' 날숨에 '아버지 사랑으로' 코에서 아랫배까지 산소가 오가며 '지금 이 순간 여기'를 내면의 신체로 느끼게 하십시오. In the present, in the presence of God. 계속 하나님 임재 호흡을 하며 그리스도 영 안에서 주 성령님의 인도를 받으니, 신체의 제한을 벗어나 우리의 존재 중심에로 나아가게 하십시오. 우리 존재 중심은 주님 보좌 앞입니다. 내 안의 존재 깊은 곳 중심은 내 영이 앉힘을 받은 보좌 앞입니다.

"하나님께서 그리스도 예수 안에서 우리를 그분과 함께 살리시고, 하늘에 함께 앉게 하셨습니다"(에베소서 2:6).

나는 누구입니까? 진정한 나는 그리스도의 영과 연합하여 한 영 되어 있습니다. 참자아입니다. 우리 육신의 겉사람과 비교할 때, 속사람 혹은 숨은 사람입니다. 존재 중심인 하늘 보좌 앞에 있습니다. **그리스도 안에 있는 나는** 하나님의 보물입니다. *I AM in Christ* is the treasure of God.

외부에서 내면으로 방향 전환하여 그리스도 영 안에서 우리 혼이 바로 **진정한 나**를 의식합니다. 영이신 하나님의 자녀입니다. 참된 나는 영적 존재입니다. 나의 주체는 그리스도 예수이십니다. 주 예수님 내 존재 중심에 계십니다. 그리스도의 영 성령님, 내 혼과 몸(생각, 감정, 신체)을 성전 삼아 거하십니다. 함께하시며, 모든 것을 가르치시고 공급하십니다.

3주 차 다섯째 날 - 아침저녁으로 15분씩 임재 호흡기도

"모세는 그 피의 절반은 그릇에 담아 놓고, 나머지 절반은 제단에 뿌렸다. 그리고 그가 '언약의 책'을 들고 … 피를 가져다가 백성에게 뿌리며 말하였다. '보십시오, 이것은 주님께서 이 모든 말씀을 따라, 당신들에게 세우신 언약의 피입니다.'"(출애굽기 24:6-8).

"그리스도께서는 … 자기의 피로써, 우리에게 영원한 구원을 이루셨습니다. … 성령을 힘입어 자기 몸을 흠 없는 제물로 삼아 하나님께 바치신 그리스도의 피야말로, 더욱더 우리들의 양심을 깨끗하게 해서, 우리로 하여금 죽은 행실에서 떠나서 살아 계신 하나님을 섬기게 하지 않겠습니까? 그러므로 그리스도는 새 언약의 중재자이십니다"(히브리서 9:11-15).

첫 번째 언약도 피로 세웠습니다. 그런데 두 번째 언약은, 그리스도께서 친히 자기 몸을 단 한 번 제물로 바치셔서 죄 사함을 베푸셨고, 우리를 자녀 삼으사 거룩하게 하시고 그리스도의 신부로 세우셨습니다.
"기뻐하고 즐거워하며, 하나님께 영광을 돌리자. 어린양의 혼인날이 이르렀다. 그의 신부는 단장을 끝냈다. … 어린양의 혼인 잔치에 초대를 받은 사람은 복이 있다"(요한계시록 19:7-9).

고통과 괴로움과 불편을 구원의 메신저로 알아차리니, 홍해가 갈라지고 언약의 자리에서 자녀 삼으시고 그리스도의 신부로 세우시는 하나님의 손길을 확신케 하십니다. 고통에서 기쁨의 주님께로, 불편에서 평강의 주님께로 모든 시선을 옮겨 드리게 하십니다. 온 맘(심중) 다해 시선을 내 안의 주님께로 집중합니다. 들숨 날숨 숨결에 주님을 의식하니, 이 믿음 받으시고 주께서 만지시고 치유하십니다.

옛것은 지나갔습니다. 보십시오, 새것이 되었습니다. 그리스도 안에서 새로운 피조물입니다. 고통도 불편도 다 지나갔습니다. 보십시오. 기쁨과 평강이 되었습니다. 이 모든 것은 그리스도 안에서 새롭게 창조되었습니다. 우리가 그리스도 안에서 하나님의 의가 되었습니다(고린도후서 5:17-18, 21).

3주 차 여섯째 날 - 아침저녁으로 15분씩 임재 호흡기도

홍해를 건너 새 언약에 자리를 잡은 우리는 하나님의 의입니다. 주께서 우리를 영화롭게 하셨습니다. 아버지께서 성령으로 거룩하게 해 주셔서, 우리는 순종하게 되었고, 예수 그리스도의 피 뿌림을 받게 되었습니다(베드로전서 1:2). 들숨과 날숨의 임재 호흡 가운데 말로 다 표현할 수 없는 즐거움과 영광을 누리며 기뻐합니다. 이렇게 우리는 하나님 임재 연습을 하며, **우리의 믿음의 목표인 혼soul의 구원을 받고 있습니다**(베드로전서 1:8-9).

그리스도 영 안에서 혼의 구원을 이뤄 가며 육신의 내 모습 그대로를 바라보게 하십니다. 고통과 괴로움과 불편함의 상황과 형편은 여전합니다. 그러나 그 육신의 무게감은 이전과 같지 않습니다. 그 모습 그대로 괜찮습니다. 특별히, 반복되는 패턴을 알아차리게 하십니다. 지금의 고통과 불편은 이전에도 있었고 아주 오래전에도 있었음을 알아차리게 하십니다.

상황과 형편과 타인이 문제가 아니라, 나 자신 자체가 문제였던 것입니다. 내 안에 억눌리고 억압된 감정으로 인해 자동으로 즉각 반응을 하며 폭발을 하거나, 알아차렸어도 방향을 전환하지 않아 육신의 생각에 머물러 분노를 축적시키는 것이 문제입니다.

그러한 내가 그리스도와 함께 십자가에 못 박혔습니다. 죽기 전에 죽었습니다. 이제는 내가 사는 것 아닙니다. 내 안에 그리스도 사십니다. 알아차리고 방향을 전환하여 주만 바라니, 주께서 만지시고 치유하고 새롭게 하시며 보혈로 정결케 하십니다. 막혔던 에너지의 흐름이 뚫리고 부정적인 감정들이 치유됩니다. 죄와 사망에서 해방되었음을, 숨결에 느끼며 누리게 하십니다. 사방에서 생기가 불어와 생명과 평강으로 다스림을 받게 하십니다. 어른이 된 내 안에 울고 있던 어린아이가 사라지고, 그 자리에 그리스도께서 사십니다.

내 안의 그리스도께서 내 기억의 전부를 차지하십니다. 반복되는 내면 고통 패턴의 기억들이 지금 이 순간 여기에 현재하며 주께서 만지시고 치유하니, 내 혼이 평안합니다. 온전합니다(요한3서 1:2). I am whole. It is well with my soul.

3주 차 일곱째 날 - 아침저녁으로 15분씩 임재 호흡기도

Q: 임재 연습을 3주간 했습니다. 어떤 효과를 기대할 수 있나요?

A: 단기적으로는 생각과 감정의 안정감입니다. 임재 호흡을 하며 하나님 임재를 계속 체험하면 할수록 지금 이 순간 여기에 영원히 현존하시는 하나님 생명을 자각하는 능력이 생겨납니다. 다르게 말하면, 주님께서 기름 부으시며 만지시고 치유하시는 것을 몸(생각, 감정)으로 자각하게 됩니다. 따라서 치유 속에 안정감을 느끼게 됩니다. 특별히 어떤 부분에서 고통과 불편함으로 씨름하고 있다면, 주님의 만지심을 경험함으로, 3주만 했는데도 변화를 조금씩 감지하게 됩니다.

장기적으로는 '경건'입니다. 혼이 그리스도 영 안에 머물며 끊임없이 존재 중심의 주께로 나아가며, 주의 영과 혼이 연합하게 됩니다. Union with God, 참경건입니다. 그리스도와 함께 상속받은 하나님 성품을 누립니다.

Q: '숨길'이 만들어진다는 것은 무슨 뜻입니까?

A: 임재 호흡을 할 때, 우리는 가슴으로 숨을 쉬며, 코로 들숨 날숨을 합니다. 자연히 코로 들이마신 숨은 가슴까지 내려옵니다. 반복 지속하면, 가슴의 숨은 아랫배까지 내려갑니다. 그리고 날숨에 아랫배의 숨은 가슴을 거쳐 코로 나가게 됩니다. 3주를 아침저녁으로 이렇게 호흡을 했습니다. 자연스레 숨의 길이 만들어집니다. 길이 만들어

지니, 잘됩니다. 호흡의 길이를 계속 3-4초 유지하거나, 더 길게 하여 들숨에 10-15초, 날숨에 10-15초를 할 수도 있습니다. 그런데 중요한 것은, 호흡의 길이가 아닌, 들숨과 날숨 사이의 틈새를 허용하지 않고 계속 호흡하는 것입니다. 그래서 생각에 붙잡히지 않고, 그리스도 영 안에서 숨 쉬는 것입니다.

Q: 주님 안에서 숨만 쉬어도 되나요?

A: 네, 그렇습니다. 주님 안에서 숨 쉬면, 주 성령께서 이끄시며 모든 것을 가르쳐 주십니다. 신체의 제한을 벗어나, 우리 존재 중심인 하나님 보좌까지 이끌어 주십니다. 그리스도 영 안에서 숨 쉬니, 숨 쉬는 것 자체가 기도가 되어 쉬지 않고 기도하며 기뻐합니다. 범사에 감사하며 삽니다.

Q: 주님 안에서 숨만 쉬었는데도 주님 임재 가운데 산 분들을 소개해 주세요.

A: 《이름 없는 순례자》의 저자인 러시아의 무명의 순례자는 하루 종일 가슴으로 호흡하며 주 예수님의 이름을 불렀습니다. 《하나님 임재 연습》의 저자 로렌스 수사는 수도원 부엌에서 일하며 끊임없이 하나님 임재를 추구했습니다. 《예수 그리스도를 깊이 체험하기》의 저자 잔느 귀용은 감옥과 유배지에서 인생 후반부를 지내며 끊임없이 외부에서 내면으로 방향을 전환하여 하나님을 체험하며 귀한 영적 유산을 남겼습니다.

세 분의 공통점은, 하나님 임재 아래 자신의 일상이 날마다 지속되었다는 것입니다. 즉 주님 안에서 호흡함으로 숨 쉬는 순간마다 기쁨과 기도와 감사가 지속된 것입니다. 왜냐하면 그분들은 신약성서 서신서들에 나오는 성도들처럼 하나님과 연합된 가운데 살았기 때문입니다.

3주 차 요약
- 지난 7일 동안, 메신저에 대한 응답의 확신을 갖는 훈련을 했습니다.

3주 차 훈련 목표는 "메신저에 대한 응답의 확신 갖기"였습니다. 고통과 괴로움과 불편의 어떤 극한 상황 속에서도 그것들을 메신저로 알아차렸다면, 그래서 그 메신저를 보내신 분이 바로 우리 주 하나님이시라는 것을 잊지 않고 임재 훈련을 했다면, 3주 차 훈련은 성공입니다. 임재 호흡도 좀더 익숙해졌습니다.

알아차리고 시선을 우리 주님께 모두 드리니, 갑자기 홍해가 갈라지며 길이 뻥 뚫립니다. 십자가 보혈을 지나 주께로 나아갑니다. 주님 안에서 하나님 향해 살게 하신 우리 참자아를 의식하게 하십니다. 이미 온전하고 의롭고 영광스럽습니다. 우리의 진정한 참모습입니다. 반면에, 뒤따라 바다를 건너던 우리 육신은 하나도 살아남지 못합니다. 복음과 그리스도와 하나님 나라 위해, 부모, 형제, 자녀, 배우자, 물질을 다 버린 것입니다. 죄와 세상과 율법에 대해 죽었습니다.

지금 이 순간 여기에 영원히 현존하시는 하나님 생명과 연결되니, 일만 달란트 탕감의 기쁨과 평강을 누리게 하십니다. 다 지나간 일들입니다. 이전 것을 생각하지 않습니다. 그리스도 안에서 새로운 영적 존재입니다. 이 은혜 가운데, 천국행 기차 창문 너머에 비치는 여전히 고통스러워하며 불편함 가운데 자신의 스토리에 집착하고 있는 내 육신의 모습 그대로를 **조건 없이** 바라보며 그냥 느껴 봅니다. 결핍과 부족 그리고 죄의식 가운데 여전히 괴롭고 불편한데, 동시에 평강과 기쁨이 함께합니다. 거기에 주님이 함께하시기 때문입니다. 주께서 만지시고 치유할수록, 육신의 무게감이 줄어듭니다. 마치 이집트 군인들이 바닷속으로 다 빠져 버렸던 것처럼, 나도 그리스도와 함께 십자가에 못 박혔으니, 이제는 괴롭과 불편함의 껍데기만 남은 것 같습니다. 자유 합니다. 평강이 있습니다. **그리스도 영 안에 있기 때문입니다.** 주께서 내 혼과 몸을 사로잡으시어 통치하십니다.

계속 하나님 임재 호흡을 하며 그리스도 영 안에서 주 성령님의 인도를 받으니, 신체의 제한을 벗어나 우리의 존재 중심에로 나아가게 하십니다. 내 안의 존재 깊은 곳 중심은 내 영이 앉힘을 받은 주님 보좌 앞입니다. 나는 누구입니까? 그리스도의 영과 내 영이 연합하여 한 영 되어 존재 중심인 하늘 보좌 앞에 있는 나는 하나님의 보물입니다. 영이신 하나님의 자녀인 나는 영적 존재입니다. 나의 주체는 그리스도이시며, 내 중심에 계십니다. 그리스도의 영 성령님, 내 혼과 몸(생각, 감정, 신체)을 성전 삼아 거하시며 모든 것을 가르치시고 공급하십니다.

알아차리고 모든 시선을 내 존재 중심에 계신 주님께 드리면 됩니다. 그러면 이 믿음을 통해, 주께서 만지시고 치유하시고 다스리십니다.

광야에서 가나안으로
– 오직 믿음으로 살아야 함을 뼈저리게 체험

1. 오직 믿음으로만 살아야 함을, 광야에서 뼈저리게 체험합니다.
2. 진정한 나는 믿음으로 살아가지, 보는 것으로 살 수가 없습니다.
   1) 진정한 나/속사람은 그리스도 영 안에 존재합니다.
   2) 그러므로 내 혼이 그리스도 영 안에 머물러 참자아를 의식하며 살아가
      야, 내 혼의 평안 가운데 주신 복을 나타낼 수 있습니다.
   3) 보는 것으로 살면, 선악과를 먹고 괴롬 속에 사망을 겪게 됩니다.
3. "내 백성이 지식이 없으므로 망하는도다"(호세아 4:6).
   1) 진정한 나는 오직 믿음으로만 존재합니다.
   2) 보이는 것을 따라 육신과 육신의 자아로 살면, 망합니다.
4. 육신으로 하나님을 섬기면, 하나님이 금송아지로 둔갑됩니다.
   1) 생존 본능의 두려움과 결핍 가운데 복을 구걸합니다.
   2) 마귀가 박수 치며 영혼을 빼앗습니다.
5. 거짓 자아가 주체가 되어 하나님을 섬기니, 복을 누리지 못합니다.
   1) 보이는 세상은 거인이 되고, 자신은 메뚜기가 됩니다.
   2) 내 존재 중심에 계신 주님을 알게 모르게 능멸하는 것입니다.
6. 의인은 오직 믿음으로 삽니다.
   1) 오직 믿음만이, 생각 이전에 영적 존재로 있음을 가능케 합니다.
   2) 광야 40년의 뼈저림 가운데, 오직 믿음만임을 알게 하십니다.

4주 차

육신과 거짓 자아를 하나님으로부터 오는 응답의 장애물로 알아차리기

하나님은 자기 백성이 광야에서 예배하도록 출애굽 시켰습니다. 하나님을 닮은 자녀로 우리를 빚으셨기에, 다시 찾으시어 자녀로서 하나님 형상을 회복하게 하시는 것입니다. 세상 인연 다 끊어진 광야에서 오직 믿음으로 하나님께 속하고 의존된 존재 상태입니다.

> 구속救贖은 죄 사함을 받아 그리스도 영 안에 내 혼이
> 머무는 것입니다.

포로수용소의 감옥 같은 이집트 세상살이였습니다. 마치 누에고치에 갇혀 죽을지 살지 모르던 애벌레 같았습니다. 주께서 그 고통을 돌보시며 홍해를 갈라 숨통을 열어 주셨습니다. 이제 시내산에서 말씀을 받아 언약 속에 하나님 예배하며 살면 됩니다. 마치 누에고치에서 벗어난 애벌레가 나비가 되어 훨훨 날듯, 그렇게 내 혼이 그리스도 영 안에 머무는 것입니다. 이런 존재 상태에서 몸(생각, 감정, 신체)을 하나님께 제물로 드리면, 항상 기뻐하고 24시간 기도하며 감사하게 됩니다. 바로 이것이 출애굽 하여 하나님 자녀로 이 땅에 존재하는 삶입니다.

이런 하나님 자녀가 정말정말 해서는 안 되는 것 2가지가 있습니다. 첫째, 나 자신이 주체가 되어 잠재 영역을 파고들며 내적 치유를 하는 것. 둘째, 보이는 세상에 집착하고 추구하며 하나님을 찾는 것. 이 2가지는 동전의 양면 같으며, 육신의 그리스도인들의 특징입니다.

하나님은 외부에서 내면으로 전환한 자기 백성을 존재 중심으로 인도하실 때, 때로는 홍해를 가르듯, 마치 지남철의 자석에 쇳가루들이 순식간에 몰려들듯이, 그렇게 강력하게 우리 혼을 끌어당겨 주십니다. 그런데 위의 2가지를 하게 되면, 자석과 쇳가루 사이에 장애물이 있어 쇳가루들이 자석에로 더 이상 나아가지 못하듯, 그렇게 하나님 임재를 놓치게 됩니다. 주님께로 더 나아가지 못하고 광야를 40년 동안 뱅글뱅글 돌며 제자리걸음을 하게 됩니다. 몇십 년 신앙생활을 해도 성장하지 못합니다. 생존 본능의 육신의 두려움 속에 하나님을 금송아지로 둔갑시키고, 거짓 자아가 주체가 되어 세상은 거인이고 주님을 모신 자신은 메뚜기라고 하며 신앙생활을 하니, 어떻게 하나님과 하나 될 수 있겠습니까?(출애굽기 32:3-4; 민수기 13:31-33, 14:11).

믿음으로 하지 않는 모든 것이 다 죄입니다(로마서 14:23). 의인은 오직 믿음으로 삽니다. 고통과 괴로움과 불편함을 구원의 메신저로 알아차려, 메신저를 보내신 주 하나님께로 모든 시선을 드렸다면, 주께서 그 믿음을 통해 일하시도록 오직 믿음으로만 살아야 합니다. 그 믿음의 주체는 내 안에 계신 우리 주 예수 그리스도이십니다. **진정한 나는 믿음으로 살지, 보는 것으로 살지 않습니다.** 오직 믿음으로만 살아야 함을 뼈저리게 깨닫는, 4주 차 임재 훈련입니다.

4주 차 첫째 날 - 아침저녁으로 15분씩 임재 호흡기도

"너희는 먼저 하나님의 나라와 하나님의 의를 구하여라. 그리하면 이모든 것을 너희에게 더하여 주실 것이다"(마태복음 6:33).

고통과 불편함을 구원의 메신저로 알아차리고 외부에서 내면으로 방향을 전환하여 모든 시선을 오직 주 예수님께 드릴 때, 주님은 우리 혼과몸을 사로잡으시고 만지시고 치유하시고 다스리십니다. 그런데 만약 전환을 하지 않고, 외부에서 하나님과 분리된 가운데 결핍 속에 하나님을찾는다면, 세상 신 마귀가 육신의 소욕을 따르는 우리 혼과 몸을 노략질하게 됩니다.

"도둑은 다만 훔치고 죽이고 파괴하려고 오는 것뿐이다"(요한 10:10).

"그들은 광야에서 욕심을 크게 내었고 사막에서는 하나님을 시험하기까지 하였습니다. 그래서 주님께서는 그들이 요구한 것을 주셨지만, 그영혼을 파리하게 하셨습니다"(시편 106:14-15).

새 언약의 영적 존재인 하나님 자녀가 '먼저' 보이는 것에 집착하여 육신의 욕구로 하나님을 찾고 응답을 구한다면, 주님 임재를 놓치게 됩니다. 설혹 육신의 욕구를 채웠다 하더라도, 마귀가 결코 놔두지 않습니다. 더 큰 결핍과 부족에 시달리게 됩니다.

멈춰야 합니다. 포기해야 합니다. 외부에서 내면으로 방향을 전환하여 '먼저' 하나님 나라와 의를 구해야, 물이 위에서 아래로 흐르듯, 하나님 은혜와 응답의 풍성함도 주님 보좌로부터 흘러나옵니다. 말씀대로 생각하고 말하고 선포함에 따라 우리의 심중에 보이지 않는 믿음의 실상과 증거가 형성됩니다. 그 믿음 따라 살아갈 때에, 주께서 그 실상과 증거를 이 땅에 나타내십니다.

세상 그 어떤 피조물도 하나님께서 세우신 하나님 나라의 우선순위를 바꿀 수 없습니다. 다만 복종하고 믿음으로 '먼저' 외부에서 내면으로 방향을 전환하여 하나님 나라에 거할 때에, 주신 복을 누리며 이 땅에 나타내게 됩니다.

4주 차 둘째 날 - 아침저녁으로 15분씩 임재 호흡기도

"육신의 생각은 하나님과 원수가 됩니다. 이것은 하나님의 법에 굴복하지 아니할 뿐 아니라 할 수도 없습니다. 육신에 있는 자들은 하나님을 기쁘시게 할 수 없습니다"(로마서 8:7-8).

고통과 괴로움은 구원의 메신저입니다. 알아차리고 모든 시선을 주님께 드리니, 주께서 홍해를 가르시어 구원의 은총을 베푸시며 누리게 하십니다. 그리스도 안에서 우리는 하나님의 자녀입니다. 이미 온전하고 의롭고 영광스럽습니다. 그런데, 이런 영적 존재가 또다시 보이는 세상에 집착하여 두려워하며 먹고살 길을 찾아 문제 해결을 위해 주님께 부르짖으면, 그런 육신의 생각은 하나님과 원수가 됩니다. 하나님의 법에 굴복하지도 못하고 할 수도 없습니다. 믿음이 아닌 외부의 상황과 형편을 따라 보이는 대로 반응하면, 결코 하나님을 기쁘시게 하지 못합니다.

"백성들이 외쳤다. '이스라엘아! 이 신이 너희를 이집트 땅에서 이끌어

낸 너희의 신이다.' 아론은 이것을 보고서 그 신상 앞에 제단을 쌓고 '내일 주님의 절기를 지킵시다' 하고 선포하였다"(출애굽기 32:4-5).

당시의 시점에서, 아론은 영적 리더가 아닙니다. 고통을 구원의 메신저로 알아차리고 모든 시선을 주님께 드려 홍해가 갈라지는 그 큰 은혜를 덧입고 시내산 말씀을 받아 언약백성의 리더가 되었음에도 불구하고, 그는 여전히 육신에 속해 하나님과 원수가 되는 지도자였습니다. 백성들 또한 하나님 지식이 없어 이집트에서 배운 지식과 경험으로 주님을 찾습니다.

이러한 육신에 속한 신앙에 대하여, 하나님은 말씀하십니다.
"내가 그들을 쳐서 완전히 없애 버리겠다"(출애굽기 32:10).
"내 백성이 지식이 없어 망한다"(호세아 4:6).

보이는 대로 살면, 다 죽습니다. 육신의 생각은 사망입니다. 믿음으로 하지 않은 모든 것이 다 죄입니다. 하나님 자녀는 오직 믿음으로 삽니다.

4주 차 셋째 날 - 아침저녁으로 15분씩 임재 호흡기도

"모세가 아론에게 말하였다. '이 백성이 형님에게 어떻게 하였기에, 형님은 그들이 이렇게 큰 죄를 짓도록 그냥 놓아 두셨습니까?' 아론이 대답하였다. '아우님은 우리의 지도자입니다. 나에게 그렇게 화를 내지 마십시오. 이 백성이 악하게 된 까닭을 아시지 않습니까?' … 모세는 백성이 제멋대로 날뛰는 것을 보았다"(출애굽기 32:21-25).

아론은 영적 지도자가 아닙니다. 아론에게는 말씀이 없었습니다. 모세가 영적 지도자입니다. 하나님이 모세에게 말씀을 주셨습니다. 그런데, 백성들이 보이는 세상에 집착을 하니, 문제가 태산 같고 두렵고 무서웠습니다. 조바심을 견디지 못하고 육신의 지도자를 세워 따르니, 넓은 문 넓은 길이 펼쳐집니다. 쉽고 편합니다. 먹고 마시고 흥청거리고 뛰놀며 난리를 칩니다. 각자의 심중에 있던 생존 본능과 번영의 금송아지들이 밖으로 나타나며 외칩니다.

"이스라엘아! 이 신이 너희를 이집트 땅에서 이끌어 낸 너희의 신이다"(출애굽기 32:4).

새 언약의 영적 존재들인 우리들에게 있어서 영적 지도자는 우리 주 예수 그리스도이십니다. 그리스도의 영 성령께서 기름 부으시며 모든 것들을 가르치시고 공급하십니다.

"여러분은 아무에게서도 가르침을 받을 필요가 없습니다"(요한1서 2:27).

외부에서 내면으로 방향을 전환하여 주 성령님의 인도하심을 받습니다. 시선을 온 맘 다해 우리 주 예수님께. 들숨과 날숨, 숨결에 성령님 인도를 받으며 지금 이 순간 여기에 연결된 영원히 현존하시는 하나님 생명을 의식하고 누립니다. 일만 냥 탕감받은 기쁨과 평강이 나의 전 존재를 감쌉니다. 생각 이전에 믿음으로 존재하여 하나님 보좌 앞에 머무는 진정한 나 자신을 알게 하십니다. 나는 믿음으로 존재함으로 생각합니다. 그 생각의 도구를 통해 주님이 나타나십니다. 그러한 영의 생각은 생명과 평강입니다.

육신의 지도자를 따라 제멋대로 날뛰던 몸(생각과 감정과 신체)을 주께서 만지시고 치유하시니, 내 혼이 평안합니다. 몸도 안정되어 크고 작은 모든 일들 가운데 자족하게 하십니다. 신체도 강건케 하여 주십니다.

4주 차 넷째 날 - 아침저녁으로 15분씩 임재 호흡기도

"차라리 우리가 이집트 땅에서 죽었더라면 더 좋았을 것이다. 아니면 차라리 우리가 이 광야에서라도 죽었더라면 더 좋았을 것이다. 그런데 주님은 왜 우리를 이 땅으로 끌고 와서, 칼에 맞아 죽게 하는가? 왜 우리의 아내들과 자식들을 사로잡히게 하는가? 차라리 이집트로 돌아가는 것이 좋겠다!"(민수기 14:2-3).

거짓 자아의 특징을 잘 나타냅니다. 과거에 집착하여 원망하고 후회합니다. 미래를 추구하며 걱정하고 염려합니다. '지금 이 순간 여기에' 머물지 못합니다. 칼에 맞아 죽지도 않았습니다. 처자식들이 사로잡히지도 않았습니다. 발생하지도 않은 일에 대하여, 자신들의 세상 경험과 지식을 앞세워 헤아리고 판단하여 결정을 합니다.

그런데 여기서 문제가 되는 것은, 그런 판단과 결정에는 하나님께서 계실 자리가 없다는 것입니다. 하나님 대신 선악과를 먹은 자기 자신이 중심되어 있습니다. 주님은 그런 자신을 돕는 도우미에 불과할 뿐입니다. 신앙의 주체가 육신의 나 자신입니다.

한 걸음 더 나아가 더 심각한 것은, 영적 존재인 우리들에게 있어서 그런 '자기 자신'이라는 실체는 근거가 없다는 것입니다. 그것은 허상虛像이기에 거짓 자아입니다. 그리스도 영 안에서 이전 것은 다 지나갔습니다. 옛사람은 죽었습니다. 새사람입니다. 주님의 영과 나의 영이 연합하여 한 영one spirit 된 새로운 피조물입니다. 영적 존재입니다. 하나님 자녀입니다. 이것이 나의 참자아이며, 지금 이 순간 여기에 믿음으로 존재하는 '진정한 나'입니다. **죽기 전에 죽었기에 이렇게 하나님 보좌 면전에 존재합니다.**

그런데 더 이상 존재할 수 없는 육신의 자아가 주체가 되어 과거에 집착하여 미래를 추구하며 자기 사연의 드라마를 만듭니다. 그리고 그 드라마가 이 땅에 이루어지도록 기도합니다. 아닙니다. 거짓입니다. 속으면 안 됩니다. 지금 이 순간 베푸시는 엄청난 하나님 은혜는 거부하고, 아직 발생하지도 않은 미래의 염려와 걱정을 앞당겨 '왜 우리를 이 땅으로 끌고 와서 칼에 맞아 죽게 하는가?' 생난리를 치며 드라마를 씁니다. 거짓 자아의 전형적인 레퍼토리입니다. *육신의 생각은 사망입니다.*

4주 차 다섯째 날 - 아침저녁으로 15분씩 임재 호흡기도

보이는 것을 따라 생각하고 말하는 10명의 정탐꾼들에게서, 우리는 거짓 자아의 실체를 보게 됩니다. 거짓 자아에게 있어서, 주님을 모신 자신은 메뚜기이고 악마의 세력 아래 있는 세상은 거인입니다. 그 두려움에 붙잡혀 하나님 나라에 대한 나쁜 소문을 퍼뜨립니다(민수기 13:31-33).

이러한 거짓 자아가 주체가 되어 육신의 신앙생활 하는 것에 대하여 하나님은 말씀하십니다.

"언제까지 이 백성이 나를 멸시할 것이라더냐? 내가 이 백성 가운데서 보인 온갖 표적들이 있는데, 언제까지 나를 믿지 않겠다더냐? 내가 전염병으로 이들을 쳐서 없애고, 너를 이들보다 더 크고 힘센 나라가 되게 하겠다"(민수기 14:11-12).

영적 존재가 육신의 소욕을 따라 보이는 대로 살면, 어리석은 다섯 처녀처럼 기름이 생겨나지 않습니다. 한 달란트 맡은 자처럼 주신 은혜를 땅에 묻고 두려움 속에 사니, 결국은 염소의 자리에 서게 됩니다.

반면에, 믿음을 따라 생각하고 느끼고 말하고 선포하는 여호수아와 갈렙에게서, 우리는 참자아의 진면목을 봅니다.
"우리가 탐지하려고 두루 다녀 본 그 땅은 매우 좋은 땅입니다. 주님께서 우리를 사랑하신다면, 그 땅으로 우리를 인도하실 것입니다. 젖과 꿀이 흐르는 그 땅을 우리에게 주실 것입니다. 다만 여러분은 주님을 거역하지만 마십시오. 여러분은 그 땅 백성을 두려워하지 마십시오. 그들은 우리의 밥입니다. 그들의 방어력은 사라졌습니다. 주님께서 우리와 함께 계시니, 그들을 두려워하지 마십시오"(민수기 14:7-9).

여호수아와 갈렙은 생각 이전에 믿음으로 존재합니다. 주의 영에 온전히 사로잡혀 있습니다. 우리 참자아의 모습입니다. 우리 영이 주님의 영과 연합하여 한 영 되어 있습니다. 외부에서 내면으로 방향을 전환하여 내 혼이 그리스도 영 안에서 참자아를 의식하게 하시니, 기쁨과 감사와 의가 솟아납니다. 약속의 땅, 하나님 나라입니다.

4주 차 여섯째 날 - 아침저녁으로 15분씩 임재 호흡기도

출애굽 하여 시내산에서 말씀을 받고 언약을 맺고 주님의 소유가 되기까지의 1년이면, 약속의 땅에 들어가는 것이 충분했습니다. 그런데 40년이 걸립니다.

"너희가 그 땅을 사십 일 동안 탐지하였으니, 그 날수대로 하루를 일년으로 쳐서, 너희는 사십 년 동안 너희의 죄의 짐을 져야 한다. 그제서야 너희는 내가 너희를 싫어하면 너희가 어떻게 되는지를 알게 될 것이다"(민수기 14:34).

하나님이 창조하신 이 우주에는 어떤 사물이든 그 자체의 중심으로 돌아가고자 하는 속성이 있습니다. 손에 쥐고 있는 돌멩이를 떨어뜨리면, 본래 자신이 속한 땅, 그 자체의 중심으로 신속히 떨어집니다. 혼soul도 같은 이치 속에 있습니다. 외부에서 내면으로 방향을 전환하면, 주 성령께서 홍해를 가르시고 시내산 말씀의 자리까지 신속히 이끄십니다. 하나님 형상을 따라 창조되었기에, 그 중심으로 끌어당기십니다. **사랑의 중력입니다.**

그런데 그 중간에 방해물이 있다면, 전혀 다른 스토리가 전개됩니다. 끌어당기시는 내 안의 주님과 그 대상이 되는 내 혼 중간에 육신flesh과 거짓 자아false self가 있다면, 그것들이 장애물이 되어 주님께 나아가는 것이 마치 광야 40년 같아질 것입니다.

아론과 백성들은 자신들의 두려움과 조급함을 떨치기 위해 하나님을 찾았고, 하나님께 예배를 드린다며 자신들 심중에 있던 금송아지를 섬기며 두려움을 떨치려 난리를 쳤습니다. 그와 같이, 우리들도 자신의 두려움과 불안을 떨치기 위해 보이는 세상에 집착하여 몸(생각, 감정, 신체)을 자기 자신으로 간주하여 하나님을 찾으며, 자신이 주체가 되어 잠재 영역을 파고들어 내적 치유를 합니다. 그 결과, 자기 존재 중심에 계신 주님께로 나아가는 우리 혼은 달팽이가 기어가듯 그렇게 광야를 40년 동안 돌며 제자리걸음을 하게 됩니다. 다르게 말하면, 믿음의 결국인 혼의 구원, 즉 내 혼과 참자아의 연합Union with God에는 실패하게 됩니다. 그냥 광야에서 다 죽는 것입니다.

"그들은 이 광야에서 종말을 맞이할 것이다"(민수기 14:35).

4주 차 일곱째 날 - 아침저녁으로 15분씩 임재 호흡기도

Q: 육신으로 신앙생활을 하니 너무 힘들어요. 말씀에 순종한다고 말하고 노력도 하지만, 잘 되지도 않고 솔직히 할 수도 없어요. 하나님 임재 연습도 또 하나의 짐이 될 뿐이에요. 나 어떻게 해요?

A: 지금 잘하고 있습니다. 벌써 4주나 임재 훈련을 했습니다. 훌륭합니다. 알게 모르게 영의 생각으로 신앙생활 하는 법을 터득하고 있습니다. 하나님의 부르심에는 후회가 없고, 베푸신 선물들에 대해서도 주님은 결코 후회하지 않으십니다(로마서 11:29). 왜 그런지 아세요?

당신 안에서 시작하신 분이 하나님이시고, 그 일을 매듭짓는 분도 하나님이십니다. 주님은 영 안에서 이미 당신을 향한 부르심의 결과를 갖고 계십니다. 이미 온전합니다. 이미 의롭고 영광스럽습니다. 그래서 지금 이 순간에도, 당신이 힘들어 쓰러지고 포기하는 모습을 보시는 것이 아니라, 당신이 승리한 모습을 보고 계십니다. 신기하지요? 그리스도 안에서 새로운 창조 역사가 시작되었기 때문입니다. 그리스도 안에서 당신은 새로운 피조물, 즉 영적 존재입니다.

Q: 그러면 지금 이렇게 육신으로 인해 엉망진창 되어 메마름 속에 있어도 포기하면 안 되겠네요? 임재 훈련 계속할까요?

A: 네, 계속하세요. 훌륭합니다. 육신으로 인해 엉망이 되고 어떻게 뭘 더 할지 모르는 극한 상황에서, 더욱 분명히 영의 소리가 들립니다. '육신의 나는 그리스도와 함께 십자가에 못 박혔다.' 죽기 전에 죽었다는 이 말씀이 기쁜 소식으로 들려오는 겁니다. 광야에서 육신으로 인한 죄와 사망 덕분에, 하나님 음성을 똑바로 듣고 다시 믿음으로 붙잡을 수 있습니다.

마치 이스라엘의 불순종 때문에, 이방인 된 우리가 하나님 자비를 덧입게 된 것처럼, 우리도 육신의 불순종 때문에, 영spirit으로 하나님의 자비하심을 듣고 깨어나게 된 겁니다. 죄가 많은 곳에 은혜가 더 많이 임해 합력해서 선을 이루시며 그리스도의 영 안으로 이끄십니다. 그러니 이 고비를 넘기면, 앞으로 계속해서 은혜를 맛보며 혼soul이 영spirit과 연합되는 놀라운 은총에로 나아가게 될 겁니다. Union with God.

Q: 이번 주 힘들었는데, 신앙생활 잘하게 보너스로 꿀팁 하나 주세요.

A: 하나님께서 지금 이 순간 나를 보시는 대로, 나도 나를 그렇게 보는 거예요. 하나님은 나를 부르심에 후회가 없으시고, 나에게 베푼 선물들에 전혀 후회가 없습니다. 왜냐하면 하나님은 나를 오메가 포인트에서 바라보기 때문입니다. 이미 온전하고 의롭고 영광스럽습니다. 그 결과 가운데, 지금 이 순간 여기에 영원히 현재하시며 나와 관계를 맺으시기에, 내가 지금 넘어져 뒷걸음쳐도, 하나님은 지금 나의 그런 모습을 보지 않으시고 온전하고 승리한 모습을 보고 계십니다.

그러므로 하나님 자녀인 나도, 하나님이 나를 보듯, 그렇게 나를 지금 내 모습 이대로 온전하게 보면, 일만 가지 고통이 한순간에 끝납니다. 만고땡. '조건 없이' 자신을 사랑하니, 급속도로 변하고 신앙이 성장하게 됩니다.

육신의 사람들은 이거 잘 못해요. 너무 쉬우니 믿지 못합니다. 여전히 자신이 주체 되어 육신의 조건이 충족되어야 하고, 또한 그것은 거짓 자아의 자기 의로움에 치명상을 주니, 의심하며 자기 방식대로 자신을 괴롭혀요.

4주 차 요약
- 오직 믿음으로만 살아야 함을 뼈저리게 알게 하는 4주 차 훈련이었습니다.

4주 차 훈련 목표는 "보이는 대로가 아닌, 오직 믿음으로만"이었습니다. 새 언약의 영적 존재인 하나님 자녀가 '먼저' 보이는 것에 집착하여 육신의 욕구로 하나님을 찾고 응답을 구한다면, 주님 임재를 놓칩니다. 설혹 육신의 욕구를 채웠다 하더라도, 마귀가 결코 놔두지 않습니다. 더 큰 결핍과 부족에 시달리게 됩니다. 고통과 불편이 구원의 메신저인 줄 알아 외부에서 내면으로 방향을 전환해 주님 인도를 받아도, 또다시 내 혼이 갈팡질팡하며 육신의 소욕을 따를 때, 육신의 생각은 하나님과 원수가 되어 하나님 임재에서 멀어집니다.

믿음이 아닌, 외부의 상황과 형편을 따라 보이는 대로 반응하면, 결코 하나님을 기쁘시게 못 합니다. 보이는 세상에 집착하여 그것을 성취하기 위해 하나님을 찾으며 추구하니, 늘 문제는 태산 같습니다. 두렵고 무서우니 조바심을 견디지 못하고 육신의 지도자를 따르며, 각자의 심중에 있던 생존 본능과 번영의 금송아지들이 나타나 외칩니다.
"이스라엘아! 이 신이 너희를 이집트 땅에서 이끌어 낸 너희의 신이다."

그리스도 안에서 이전 것은 지나갔습니다. 옛사람은 죽었습니다. 새사람입니다. 주님의 영과 나의 영이 연합하여 한 영one spirit 된 새로운 피조물입니다. 영적 존재입니다. 하나님 자녀입니다. 나의 참자아이며, 지금 이 순간 여기에 믿음으로 존재하는 '진정한 나'입니다. 죽기 전에 죽었기에 이렇게 하나님 보좌 면전에 존재하는 겁니다. 그런데 지금 이 순간 베푸시는 엄청난 하나님 은혜는 거부하고, 아직 발생하지도 않은 미래의 염려와 걱정을 앞당겨 '왜 우리를 이 땅으로 끌고 와서 칼에 맞아 죽게 하는가?' 생난리를 치며 더 이상 존재할 수 없는 육신의 자아가 주체가 되어 드라마를 씁니다. 주님을 모신 자신은 메뚜기이고 악마의 세력 아래 있는 세상은 거인입니다.

홍해를 가르시고 끌어당기시는 내 안의 주님과 그 대상이 되는 내 혼 중간에 육신flesh과 거짓 자아false self가 있으니, 그것들이 장애물이 되어 내 존재 중심에 계신 주께로 나아가는 내 혼의 걸음걸이는 마치 달팽이가 기어가듯 그렇게 광야를 40년 동안 돌며 제자리걸음을 합니다. 그 결과, 믿음의 결국인 혼의 구원, 즉 내 혼과 참자아의 연합Union with God에는 실패하게 됩니다. 거짓 자아는 결코 약속의 땅에 못 들어갑니다. 광야에서 다 죽습니다. 이것을 통해 '오직 믿음'뿐임을 뼈저리게 깨닫습니다. 여호수아와 갈렙은 생각 이전에 믿음으로 존재합니다. 주의 영에 온전히 사로잡혀 있습니다. 우리 참자아의 모습입니다. 내 혼이 그리스도 영 안에서 참자아를 의식하게 하시니, 기쁨과 감사와 의가 솟아납니다. 약속의 땅, 하나님 나라입니다.

길갈에서 – 오직 은혜로 죄와 수치가 굴러가고 주체가 바뀌었음을 알아차림

1. 오직 은혜로 요단강 건너 주체가 바뀌었음을, 길갈에서 알아차립니다.

   1) 육신의 나는 그리스도와 함께 십자가에 못 박혔습니다.

   2) '회개–용서–회복' 가운데 죄성과 원죄가 굴러가고 신성과 원복이 하늘로부터 굴러오니, 내가 산 것이 아니요 내 안에 그리스도 사십니다.

   3) 과거에 집착하고 미래를 추구하는 심리적 시간에서 해방되었습니다.

2. 죽기 전에 죽어, 내 혼이 그리스도 영 안에 머뭅니다.

   1) 지금 이 순간 여기에 하나님 생명과 연결되어 있으니, 시비선악의 선악과는 존재하지 않습니다.

   2) 오직 은혜 가운데, 생명과 평강의 에너지 흐름만이 있을 뿐입니다.

3. 에너지가 흐르지 않고 막혀 불편과 고통을 야기하는 것에 대하여, 임재 호흡을 하며 '조건 없이' 주의를 기울입니다.

   1) 내 안의 그리스도께서 잠재 영역의 주체가 되시어 광야의 메마름을 만지시고 치유하시며 의식 표면으로 떠오르게 하시는 것입니다.

   2) 내 안에 울고 있는 아이가 떠오르니, 불편하고 고통스러운 것입니다.

   3) 떠오르는 모든 자기 사연/드라마는 무시합니다.

      이미 죽기 전에 죽었기에, 자기 사연의 이유들은 의미가 없습니다.

4. 표면으로 떠오르는 내 모습 그대로의 느낌만을 자각하며 수용합니다.

   1) 그 억눌렸던 감정이 의식 표면으로 떠오르니 괴롭고 불편한 겁니다.

   2) 그러나 이미 지나간 것이요, 그리스도가 그 자리를 대신하십니다.

   3) 그리스도께서 불편한 그 모습을 통해 온전함으로 나타나십니다.

5. 속사람이 겉사람을 '조건 없이' 그 모습 그대로 수용하니, 길갈에서 죄와 수치는 사라지고 오직 은혜로 나의 나 됨을 경험합니다.

6. 아동기부터 현재에 이르기까지 전 생애에 그리스도 계심을 의식합니다. 경험되는 내면의 그 어떤 불편에도 그리스도 계심을 의식하는 임재 호흡기도입니다.

5주 차

그리스도의 임재 가운데 '회개-용서-회복'

오직 주의 은혜로 강을 건너 약속의 땅에 발을 디딘 주의 백성은 주의 말씀을 따라 생각하고 느끼고 말하고 선포합니다.

"너는 돌칼을 만들어, 이스라엘 자손에게 다시 할례를 베풀어라."

주의 백성은 모두 할례를 받고 나서 다 낫기까지 진 안에 머무릅니다 (여호수아 5:1-9).

상대는 거인 같고 주님을 모신 우리는 메뚜기 같다는 육신의 생각으로는, 적 앞에 이렇게 다 낫기까지 속수무책으로 누워 있다는 것은 절대로 불가능한 모습이고 할 수 없는 일입니다. 또다시 부모 세대가 겪은 가나안 정탐 사건과 같은 일이 반복될 수 있는 형편이었습니다. 그러나 주의 백성들은 요단강에 들어갈 때 이미 죽기 전에 죽었습니다. 그리고 강에서 나올 때 하나님을 향해 그들은 다시 태어났습니다. 죄성과 원죄는 굴러가고 신성과 원복으로 새롭게 빚어진 것입니다. 그들은 전능하신 하나님의 은혜에 사로잡혀 있습니다. 적을 눈앞에 두고, 그들은 오직 하나님께만 속하여 다 낫기를 기다립니다.

하나님 임재 가운데 끊임없이 심중에서 지난 일들이 떠오릅니다. 목이 곧은 백성입니다. 광야에서 태어나 아기 때부터 지금까지 있었던 두려움과 분노와 연민의 일들이 끊임없이 표면으로 떠오릅니다. 생각하고 싶지 않은 많은 일들이, 낫기를 기다리며 누워 있는 자신의 심중(잠재 영역)에서부터 의식 표면으로 계속 떠오르는 것입니다. 불편하고 때로는 괴롭고 고통스러운 일들임에도 불구하고 상관이 없습니다. 이미 지나간 것들입니다. 죽기 전에 죽었기에, 그때 그 일의 스토리와 내 입장, 내 형편은 아무런 의미가 없습니다. 이유를 생각할 필요가 전혀 없습니다. 죽었기 때문입니다. 더군다나 그것들은 진리도 아니고 나도 아니고 실재하지도 않습니다. 다만 떠오르는 불편하고 괴로운 에너지 흐름만을 직면할 뿐입니다. 주께서 기름 부으시며 만지시고 치유하십니다. 회피하지 않고 직면하니, 죄와 수치는 굴러가고 신성과 원복으로 빚어진 진정한 나 자신을 발견케 하십니다. 이미 온전하고 의롭고 영광스럽습니다. 나의 나 됨은 하나님 은혜입니다. I am what I am by the grace of God.

보이는 것으로 살지 않고 오직 믿음으로 사니, 낫기를 기다리는 내 육신의 모습 그대로 '조건 없이' 사랑하게 됩니다. 하나님이 나를 보시는 대로 나도 나를 보게 하십니다. 이 절대안식으로 주 말씀 따라 생각하고 느끼고 말하고 선포하며 여리고성을 도니, 무너집니다. 심중에 있던 믿음의 실상과 증거가 이 땅에 보이는 현실로 나타난 것입니다. 5주 차 임재 훈련입니다.

5주 차 첫째 날 - 아침저녁으로 15분씩 임재 호흡기도

온 백성이 모든 시선을 주님께 드리며 법궤에 집중합니다. 여전히 흐르는 강물에 법궤를 메고 들어갑니다. 법궤와 함께 죽는 겁니다. 우리도 모든 시선을 주님께 드리고 외부에서 내면으로 방향을 전환하니, 죽기 전에 죽습니다. 옛사람이 그리스도와 함께 십자가에 못 박혔습니다. 요단강은 갈라졌고, 온 백성은 강물을 건너 약속의 땅에 발을 디뎠습니다. 우리도 주님과 함께 부활하여 그리스도 안에 하나님 자녀로 살게 되었습니다.

생각하기에 존재하는 나는 죽었습니다. 우리 주 예수께서 우리를 대신하여 육신으로 하나님 앞에 섰을 때, 하나님은 죄를 없애시려고 그 육신에다 죄의 선고를 내리셨습니다(로마서 8:3). 이제는 내가 사는 것이 아닙니다. 내 안에 그리스도 사십니다(갈라디아서 2:20). 그리스도 안에서 우리는 하나님 자녀로 존재합니다. 이러한 우리의 믿음으로 인해 주께서 우리 생각을 통해 나타나십니다. 영의 생각입니다. 주님이 나타나시는 영의 생각은 생명과 평강입니다(로마서 8:6). 그러므로 우리는 모든 생각을 사로잡아서 그리스도께 복종시킵니다(고린도후서 10:5). 적을 눈앞에 두고 할례를 행하라 명령하시니, 육신의 생각대로가 아닌 주님 말씀대로 생각하고 말하고 느끼고 행동합니다.

"백성이 모두 할례를 받고 나서 다 낫기까지 진 안에 머물러 있었다"(여호수아 5:8).

진중 각 처소에 머물며 하나님 임재 가운데 호흡을 합니다. 가슴으로 들숨에 '그리스도 안에서' 코로 3-4초 들이쉽니다. 가슴으로 날숨에 '아버지 사랑으로' 코로 3-4초 내쉽니다. 끊임없이 심중(잠재 영역)에서 지난

날 목이 곧은 백성의 기억들이 올라옵니다. 괴롭고 고통스럽고 불편하여 잊고 싶었던 생각들입니다. 광야에서 태어나 지금 이 자리에 오기까지의 죄와 수치스러운 기억들이, 낫기를 기다리며 진에 머문 그들에게 샘솟듯 표면으로 떠오릅니다.

지나간 것들입니다. 이미 죽은 나와 아무런 상관 없는 일들입니다. 그것들은 진리도 아니고 나도 아니고 실재하지도 않습니다. 지금 이 순간 하나님 생명과 연결되어 있는 '진정한 나'에게 아무런 해를 끼치지 못합니다. 그러므로 떠오르는 오만 가지 생각들의 사연과 이유들을 알 필요도 없습니다. 주께서 보혈로 덮으시고 만지시고 치유하시니, 선악 간에 말하지 않습니다. 다만 떠오르는 부정적인 에너지 흐름을 피하지 않고 직면하니, 주님께서 죄와 수치를 굴러가게 하시고 신성과 원복으로 빚어진 나의 참모습을 보게 하십니다. 그 은혜로, 낫기를 기다리는 육신의 내 모습 이대로를 '조건 없이' 수용하며 사랑합니다. 나의 나 됨은 오직 하나님 은혜입니다. I am what I am by the grace of God(고린도전서 15:10).

5주 차 둘째 날 - 아침저녁으로 15분씩 임재 호흡기도

요단강 물에 들어가 다 죽는 줄 알았습니다. 그런데 이렇게 살아 하나님 임재 호흡을 하고 있습니다. 무엇이 죽고 무엇이 살았습니까?

광야에서는 십자가 바라보며, 날 위해 예수님만 죽었는 줄 알았습니다. 그런데 요단강에 들어가며, 나도 주님과 함께 죽었음을 알아차렸습니다. 나는 죽기 전에 주님과 함께 죽었습니다.

나는 없음無, nothingness입니다.

나는 텅 빔emptiness입니다.

나는 정지됨stillness입니다.

광야에서는 십자가 바라보며, 날 위해 예수님만 부활하셨는 줄 알았습니다. 그런데 요단강에서 나오며, 나도 주님과 함께 부활했음을 알아차렸습니다. 내 안에 그리스도께서 사십니다.

나의 없음nothingness 가운데 주님의 위대하심이 있습니다.

나의 텅 빔emptiness 가운데 주님의 충만하심이 있습니다.

나의 정지됨stillness 가운데 주님의 운행하심이 있습니다.

우리 옛사람이 죽고 새사람이 살아나, 주체가 바뀌었습니다. 옛사람의 주체인 내가 죽고 내 안에 그리스도 사시니, 우리 구주 예수께서 새사람 된 나의 주체이십니다. 위대하십니다. 충만하십니다. 우리 가운데 영spirit으로 운행하십니다.

외부에서 내면으로 방향을 전환하여, 시선을 온 맘 다해 주 예수님께로. 들숨에 가슴으로 '그리스도 안에서' 날숨에 가슴으로 '아버지 사랑으로' 코로 3-4초 들이마시고 내쉽니다. 숨결에 주의 영 운행하심을 의식합니다. 내 혼이 주의 인도 따라 내 존재의 중심 되시는 주의 보좌로까지 나아갑니다. 참된 쉼을 누리게 하십니다. *진에서 낫기를 기다리는 내 육신의 모습 그대로를 조건 없이 사랑하게 하십니다. 지금 이 순간 여기에, 하나님 임재 가운데. In the present, in the presence of God.*

5주 차 셋째 날 - 아침저녁으로 15분씩 임재 호흡기도

죽기 전에 죽었습니다. 외부에서 내면으로 전환을 하니, 내 혼이 몸(생각, 감정, 신체)에서부터 그리스도 영 안으로 방향전환 되었습니다. 혼이 떠난 몸은 죽은 것입니다. **몸이 시신이 된 것에서부터, 진정한 내적 치유는 시작됩니다.**

요단강을 건너 약속의 땅에 들어선 주의 백성들은 죽기 전에 죽었습니다. 과거에 집착하고 미래를 추구하는 심리적 시간에서 해방되어, 온전히 하나님께 속함을 할례로 입증합니다. **혼이 몸에서 돌아서서 그리스도 안에서 오직 하나님께 속해 있는 그들은 하나님의 보물입니다.** 혼이 떠난 그들의 몸은 죽은 겁니다.

"아나니아가 이 말을 듣고 엎드러져 **혼이 떠나니** … 젊은 사람들이 일어나 시신을 싸서 메고 나가 장사하니라"(사도행전 5:5-6).

진중 각 처소에서 낫기를 기다리는 그들은 하나님 임재 가운데 있습니다. 그들 심중(잠재 영역)으로부터 시신이 된 몸의 표면으로 끊임없이 지난 기억들이 떠오릅니다. 죽기 전에 죽어 시체로 있기에, 떠오르는 기억들의 사연에는 아무런 의미가 없습니다. 그냥 오만 가지 생각들이 떠올라 맴돌다 지나갈 뿐입니다. 붙잡지 않습니다. 집착하지 않습니다. 뭔가를 추구하지도 않습니다. 다만 지금 이 순간 여기에 영원히 현존하시는 하나님 생명과 연결되어 있으니, 있는 모습 그대로 고통 가운데도 감사하고 기뻐할 수 있습니다.

"누구든지 그리스도 안에 있으면, 그는 새로운 피조물입니다. 옛것은 지나갔습니다. 보십시오, 새것이 되었습니다. 이 모든 것은 하나님에게서 났습니다"(고린도후서 5:17-18).

시선은 오직 그리스도께 집중할 뿐입니다. 숨결에 주님의 다스리심을 의식하며 누릴 뿐입니다. 주께서 만지시고 치유하시니, 몸의 표면에 올라온 부정적인 에너지 흐름들을 직면하여도 좌지우지되지 않습니다. 내 모습 이대로 괜찮습니다. **낫기를 기다리는 진정한 나의 주체는 우리 주 예수님이십니다.** 그러므로 육신의 부족하고 결핍되어 있는 모습 그대로를 아무런 조건 없이 받아들이고 존귀하게 여깁니다. 참된 내적 치유입니다.

떠오르지 않은 내면의 상처나 불편한 에너지 흐름 또한 그 모습 그대로 괜찮습니다. 몰라도 됩니다. 오히려 그것을 해결하기 위해 잠재의식을 헤아리며 시비선악을 가를 때, 마귀역사는 심해집니다. 돌짝밭과 가시덩굴이 뒤죽박죽되어 표면으로 떠오르며 서로를 정죄할 것입니다. 그러면 지옥을 경험하게 됩니다.

약속의 땅 그리스도 영 안에서는 선악은 없고 생명만이 있습니다. 주체는 내가 아닙니다. 내 안에 계신 그리스도이십니다. 주님의 통치 가운데 오직 하나님 은혜에 사로잡혀 '생명으로' 낫기를 기다리는 서로의 모습을 바라보니, 다 괜찮은 겁니다. 그래서 요단강을 건넌 주의 백성들은 적을 눈앞에 두고도 하나님 말씀에 순종하여 낫기를 기다릴 수 있었던 것입니다. **이제는 내가 없고 오직 예수님만 내 안에 살아 계시니, 우리는 항상 괜찮은 겁니다.**

내 존재 중심, 하나님 보좌 앞에서 절대 안식/쉼을 누립니다. 가슴으로 들숨에 '그리스도 안에서' 코로 사방에서 불어오는 생기를 3-4초 들이마십니다. 가슴으로 날숨에 '아버지 사랑으로' 코로 공기를 3-4초 내보내며 사방으로 아버지 사랑이 퍼져 나가는 것을 의식합니다.

5주 차 넷째 날 – 아침저녁으로 15분씩 임재 호흡기도

"백성이 모두 할례를 받고 나서 다 낫기까지 진 안에 머물러 있었다. 주님께서 여호수아에게 말씀하셨다. '너희가 이집트에서 받은 수치를, 오늘 내가 없애 버렸다.' 그리하여 그곳 이름을 오늘까지 길갈이라고 한다"(여호수아 5:8-9).

오직 하나님 은혜에 사로잡힌 주의 백성들은 진중 각 처소에서 낫기를 기다리며 끊임없이 하나님 임재 연습 가운데 '회개-용서-회복'을 무한히 경험합니다.

회개metanoia. 외부에서 내면으로 전환을 합니다. 세상에서 하나님 나라로 생각을 전환시키는 것이 참된 회개입니다. 육의 차원에서 영의 차원으로 전환하지 않고 보이는 세상을 따라 거짓 자아가 주체가 되어 선악으로 사는 것이 죄임을 고백합니다. 내 존재 중심에 계신 그리스도께로 나아가 주 보좌 앞에서 생명으로 사는 것이 회개에 합당한 열매입니다.

용서apiemi. 용서는 집착하고 추구하는 것에서부터 떠나는 것입니다. 움켜잡은 것을 포기하고 놓는 것입니다. 한마디로, 용서는 외부의 보이는 것들에 대해 '굿 바이' 하는 것입니다. 주님과 복음과 하나님 나라를 위해 부모, 형제, 자녀, 배우자를 버리는(아피에미) 것이 용서입니다(누가복음 18:29). 외부에서 내면으로 방향을 전환하여 일만 냥 탕감(아피에미)받은 기쁨과 평강을 누리는 것이 용서입니다(마태복음 18:27). 이집트에서 받은 죄와 수치가 굴러가고 약속의 땅에서 주신 신성과 원복을 누리는 것이 용서(아피에미)입니다. 용서는 내 목숨줄입니다.

회복. 회개와 용서의 열매는 회복입니다. 회복은 하나님과 화해하여, 창조 본연의 자리에 위치하는 것입니다.

"하나님께서는 그리스도를 내세우셔서, 우리를 자기와 화해하게 하시고, 또 우리에게 화해의 직분을 맡겨 주셨습니다"(고린도후서 5:18).

그리스도 안에서 하나님 형상을 온전히 회복하여 영적 존재로 살게 하십니다. 시작된 그리스도의 새 창조 역사에 동참하여 다시 오실 주 예수님의 길을 예비합니다. 보이는 대로 살지 않습니다. 오직 은혜 가운데 오직 믿음으로 오직 말씀대로 생각하고 느끼고 말하고 선포하며 삽니다.

임재 호흡을 하며 심중에서 표면으로 떠오르는 것마다 보혈로 덮습니다. 죽기 전에 죽은 것입니다. 외부에서 내면으로 방향을 전환합니다. 굿바이. 그리스도 안에서 새로운 영적 존재 됨을 호흡 가운데 의식하며 누리게 하십니다. 주님께서 함께하시며 만지시고 치유하시니, 새롭게 되었습니다. 하나님 형상대로 지음을 받은 창조 본연의 자리로 회복되었습니다. 보이는 대로 살지 않습니다. 지금 이 순간 여기에 영원히 현존하시는 하나님 생명과 연결되어 들숨마다 그 은총을 의식하며 느끼게 하십니다. 날숨마다 내 안의 그리스도께서 만유의 주 되심을 의식하게 하십니다. 아멘, 할렐루야!

5주 차 다섯째 날 - 아침저녁으로 15분씩 임재 호흡기도

나는 누구입니까? 보이는 것을 따라 보암직하고 먹음직한 선악의 열매를 따먹은 나는 그리스도와 함께 십자가에 못 박혔습니다. 죽기 전에 죽었습니다. ego = edging God out. 말씀에 불순종하여 하나님을 밀어내고 그 자리를 차지했던 나ego는 강을 건너며 죽었습니다. 십자가를 통과하며 자아가 죽은 것입니다. 그러므로 내 생각과 감정은 더 이상 '나'가 아닙니다. 진리도 아니고 실재하지도 않습니다. 십자가를 짊어진 '나'는 죽기 전에 죽었습니다.

나는 누구입니까? 이제는 내가 사는 것이 아닙니다. 죄 사함 받아 죄 없는 내 영spirit 안에 주 예수님 사십니다. 이제 나는 새로운 피조물이 되었습니다. 주의 영과 내 영이 연합하여 한 영 되어 있습니다. 참자아, 진정한 나입니다. 내 혼soul이 내 안에 살아 계신 주 예수님의 임재를 느끼며, 하나님 자녀 됨을 누립니다. 그리스도의 신부로 약혼 됨을 누립니다. 주 성령께서 내 혼과 몸을 사로잡아 다스리며 그곳에 거하십니다.

당신은 누구입니까? 나의 나 됨은 하나님 은혜입니다. Who are you? I am what I am by the grace of God(고린도전서 15:10). 지금 이 순간 여기에 하나님 생명과 연결되어, 나는 하나님 생명과 사랑, 은혜와 긍휼을 누립니다. 자녀 된 나는 아버지의 전지전능하심을 누리며 나타냅니다. 나는 항상 기뻐합니다. 나는 범사에 감사합니다. 나는 쉬지 않고 기도합니다. 나는 부요입니다. 나는 형통함입니다. 나는 강건함입니다. 나는 말씀대로 말함으로 주님 뜻의 성취를 실상으로 간직하고 믿음으로 삽니다.

이 놀라운 일들이 지금 길갈에서 일어나고 있는 것입니다. 전능자 하나님께서 우리가 세상에서 받은 죄와 수치를 굴러가게 하셨습니다. 하나님의 보물로 다시 태어나게 하셨습니다. 이미 하나님의 성품과 생명과 경건에 관련된 모든 복들이 그리스도 안에서 우리에게 있습니다.

"하나님께서는, 우리가 그를 앎으로 말미암아 생명과 경건에 이르게 하는 모든 것을, 그의 권능으로 우리에게 주셨습니다. 하나님은 우리를 부르셔서 그의 영광과 덕을 누리게 해 주신 분이십니다"(베드로후서 1:3).

이 놀라운 일들이 지금 하나님 임재 연습을 하고 있는 당신에게 일어나고 있는 것입니다. 가슴으로 들숨에 '그리스도 안에서' 사방에서 생기가 불어와 죄와 수치를 제거합니다. 가슴으로 날숨에 '아버지 사랑으로' 나와 온 우주를 새롭게 하시니, 그리스도는 만유시요 만유 가운데 충만하심을 의식하게 하십니다.

5주 차 여섯째 날 - 아침저녁으로 15분씩 임재 호흡기도

보이는 것을 따라 보암직하고 먹음직한 대로 생각하고 말하니, 하나님 임재는 사라졌습니다. 악마의 세력 아래 놓인 선악의 이분법적 세계는, 새 언약의 영적 존재에게는 창살 없는 감옥과도 같은 것이었습니다. 결핍과 부족의 악 가운데 만족과 풍요를 추구하며 하나님을 섬겼으나, 그 어느 것 하나 내 뜻대로 된 것이 없었습니다. 챙겨 온 자기 몫을 다 탕진하고 더 이상 의지할 것이 없을 때 비로소 정신을 차립니다. He came to himself(누가복음 15:17). 독립된 주체로서 스스로 시비선악을 헤아리며 판단하고 정죄하고 살았음을 깨달으며, 본향-아버지 집으로 나아갑니다. 탕자 이야기입니다. 길갈에 있는 주의 백성 이야기입니다. 내 스토리입니다.

좁은 문 들어가 좁은 길 가며 강을 건너니, 그 끝에 아버지 날 기다리십니다. 생명을 발견케 하신 것입니다. 그리스도와 함께 십자가에 못 박혔고, 이제 내 안에 그리스도 사십니다. 그리스도와 함께 아버지 집의 경건과 생명에 관련된 모든 것들을 상속받았습니다. 이제 육체 가운데 사는 것은, 내 안에 계신 그리스도를 믿는 믿음으로 존재하는 것입니다. 이 믿음을 통해, 주께서 기름 부으시며 모든 것을 공급하시고 가르치십니다.

"그가 기름 부어 주신 것이 여러분에게 모든 것을 가르쳐 줍니다. 그리고 그 가르침은 참이요, 거짓이 아닙니다. 여러분은 그 가르침대로 언제나 그리스도 안에 머물러 있으십시오"(요한1서 2:27).

몸(생각, 감정, 신체)을 만지시며 다스리시니, 그리스도를 살며 그리스도를 나타나게 하십니다.

주 하나님은 그렇게 주의 백성들의 죄와 수치를 굴러가게 하시고 이렇게 하나님 자녀 삼아 주셨습니다. 그 결과, 하나님 자녀들은 하나님 성품에 참여하여 그리스도를 살며 나타내게 하십니다. 하나님께서 6일 동안 세상을 창조하시고 7일째 쉼을 가지셨던 창세기 2장 2절의 그 안식 shabath을, 길갈의 각 처소에 누워 있는 할례받은 백성들로 하여금 누리게 하십니다. 절대 안식입니다. 하나님 자녀 된 우리도 이 땅에 펼쳐지는 그 안식katapausis을 지금 이 순간 여기서 하나님 임재 가운데 누리게 하십니다. 몸(생각, 감정, 신체)으로 하나님을 체험하며 나타내게 하십니다. 이 길 따라 우리 주 예수님 오시어 새 하늘 새 땅에 영원한 절대 안식을 펼치십니다. 마라나타. 아멘, 주 예수님, 속히 오소서!

5주 차 일곱째 날 - 아침저녁으로 15분씩 임재 호흡기도

Q: 표면으로 떠오르는 부정적인 생각들과 사연들을 상관하지 않고 그 느낌만을 자각하며 임재 호흡을 하고 있습니다. 주님께서 만지시고 치유하시니 그 모습 그대로 괜찮습니다. 그런데 간혹 사라지지 않고 집요하게 괴롭히는 억울한 생각과 사연이 있습니다. 병적이다 싶은데, 이럴 땐 어떻게 하나요?

A: 병이 들었으면 약을 먹고, 몸이 허약하면 영양제를 복용하면 좋습니다. 이번 주 5일 차 '나는 누구인가'에서 나오는 내용들을 약으로 복용하고 영양제로 사용하면 참 좋아요. '나는 없음無이다. 나는 텅 빔이다. 나는 정지됨이다. 나는 기쁨이다. 나는 감사다. 나는 형통이다. 나는 부요함이다. 나는 의로움이다. 나는 사랑이다.' 등은 만병통치약이고 특효 영양제입니다. 병에 초점을 두지 말고 약을 믿고 날마다 꾸준히 복용하면, 나중에는 약과 영양제를 먹지 않아도 될 정도로 건강해집니다. 시선을 보이는 것이 아닌 오직 주님께 드림에서 오는 이 믿음을 통해, 주께서 만지시고 치유하시기 때문입니다.

Q: 임재 호흡의 단기적인 효과는 생각과 감정의 안정감이라고 하셨습니다. 5주 차를 마쳤는데, 단기적으로 어느 정도의 효과를 기대할 수 있을까요?

A: 주의 백성들이 길갈 각자의 처소에서 낫기를 기다리고 있습니다. 죽기 전에 죽어 그리스도 안에서 하나님 향해 살아 숨 쉬는 것입니다. 그러므로 근본적인 평강이 함께합니다. 아침 15분, 저녁 15분, 이렇

게 35일 동안 하루 두 번을 했으니, 총 70번을 하며 반환점을 돌았습니다. 대단한 겁니다. 임재 호흡이 익숙해졌고, 그 가운데 주님의 만지심을 경험하며 하나님 임재 가운데 있는 경험을 하고 있습니다. 어렸을 때 억눌러 놨던 감정들이 상당 부분 표면으로 떠올랐고, 그것을 직면하며 주님의 만지심을 경험했습니다. 한마디로, 속이 상당 부분 편해진 것입니다. 에너지 흐름이 막혔던 부분들이 많이 뚫렸으니, 당연한 결과입니다. 따라서 10주 과정을 시작할 때 어떤 일에서 반복되어 나타나는 어린아이 같은 즉각 반응을 치유하고자 특정했었다면, '이렇게 계속하면 완치되겠다'라는 치유의 확신을 가질 수 있습니다.

Q: 임재 호흡의 장기적인 효과는 내 혼의 하나님과의 연합이라고 하셨습니다. 5주 차를 마친 지금, 어느 정도를 기대할 수 있을까요?

A: 이것은 영적 여정에서의 평생에 걸친 일입니다. 혼이 하나님과 연합되기 전에는, 하나님 임재로 인한 친밀함과 메마름은 끊임없이 반복됩니다. 그러므로 친밀함을 누릴 때만이 아니라 메마를 때에도 오직 주님을 사랑하는 그 중심으로 인해 꾸준히 임재 호흡을 하며 하나님 임재 가운데 있는 것이 중요합니다. 내 혼의 하나님과의 연합, 다르게 표현해, 내 경건의 정도는 나에게 달려 있지 않습니다. 오직 주님께 속한 것입니다. 오직 은혜입니다. 그러므로 나에게 요구되는 것은 오직 믿음입니다. 오직 믿음으로, 보이는 것이 아닌, 주의 말씀대로 생각하고 느끼고 말하고 선포하며 지금 이 순간순간에 집중하면 됩니다. 이것이 우리가 할 모든 것입니다. 지금 당신이 이 말을 받아들였다면, 5주 차를 마친 하나님 임재 연습은 대성공입니다.

5주 차 요약
- 오직 은혜로 주체가 바뀌었음을 알게 하는 5주 차 훈련이었습니다.

오직 은혜로 강을 건너 '회개-용서-회복' 가운데 죄와 수치가 굴러가고 신성과 원복이 굴러옴을 믿고 따르게 하는 5주 차 훈련이었습니다. 5주 차 훈련 목표는 오직 은혜로 주체가 바뀐 것을 알아차리는 겁니다. 강물에 들어가 다 죽는 줄 알았습니다. 그런데 이렇게 살아 하나님 임재 호흡을 하고 있습니다. 무엇이 죽고 무엇이 살았습니까?

광야에서는 십자가 바라보며, 날 위해 예수님만 죽었는 줄 알았습니다. 그런데 요단강에 들어가며, 나도 주님과 함께 죽었음을 알아차렸습니다. 나는 죽기 전에 주님과 함께 죽었습니다. 광야에서는 십자가 바라보며, 날 위해 예수님만 부활하신 줄 알았습니다. 그런데 요단강에서 나오며, 나도 주님과 함께 부활했음을 알아차렸습니다. 내 안에 그리스도께서 사십니다.

> 내 시신의 무無 가운데 주님의 위대함이 있습니다.
> 내 시신의 텅 빔 가운데 주님의 충만하심이 있습니다.
> 내 시신의 정지됨 가운데 주님의 운행하심이 있습니다.

우리 옛사람이 죽고 새사람이 살아나, 주체가 바뀐 것입니다. 옛사람의 주체인 내가 죽고 내 안에 그리스도 사시니, 우리 구주 예수께서 나의 주체이십니다. 위대하십니다. 충만하십니다. 우리 가운데 영spirit으로 운행하십니다.

오직 하나님 은혜에 사로잡힌 주의 백성들은 진중 각 처소에서 낫기를 기다리며 끊임없이 하나님 임재 연습 가운데 '회개-용서-회복'을 무한히 경험합니다. 회개(메타노이아). 외부에서 내면으로 전환을 합니다. 육의 차원에서 영의 차원으로 전환하지 않고 보이는 세상을 따라 거짓 자아가 주체가 되어 선악으로 사는 것이 죄임을 고백합니다. 내 존재 중심에 계신 그리스도께로 나아가 주 보좌 앞에서 생명으로 사는 것이 회개에 합당한 열매입니다. 용서(아피에미). 용서는 집착하고 추구하는 것에서부터 떠나는 것입니다. 움켜잡은 것을 포기하고 놓는 것입니다. 한마디로, 용서는 외부의 보이는 것들에 대해 '굿 바이' 하는 것입니다. 회복. 회개와 용서의 열매는 회복입니다. 회복은 하나님과 화해하여, 창조 본연의 자리에 위치하는 것입니다. 그리스도 안에서 하나님 형상을 온전히 회복하여 영적 존재로 살게 하십니다. 시작된 주의 새 창조 역사에 동참하여 다시 오실 주 예수님의 길을 예비합니다.

이제 육체 가운데 사는 것은, 내 안에 계신 그리스도를 믿는 믿음으로 존재하는 것입니다. 이 믿음을 통해, 주께서 기름 부으시며 모든 것을 공급하시고 가르치십니다. 나의 주체 되신 주께서 몸(생각, 감정, 신체)을 만지시며 다스리시니, 그리스도를 살며 그리스도를 나타나게 하십니다.

벧엘, 아버지 집에서
– 오직 말씀대로 말하며 그리스도를 삶

1. 오직 말씀으로 믿음의 실상을 가지고 그리스도를 사는 믿음 생활
   1) 광야에서 육신의 내가 주체가 되어 만든 실상과 증거는 '상대는 거인, 하나님 모신 나는 메뚜기'
   2) 길갈에서 내 안의 그리스도가 주체 되시어 만든 실상과 증거는 '하나님이 우리를 기뻐하시니 상대는 한 끼 런치에 불과하다.'
   3) 육신의 소욕은 성령을 대적하고, 성령의 인도하심은 육신을 거스르게 합니다. 둘은 서로 적대 관계입니다(갈라디아서 5:17).
   4) 말씀대로 생각하고 말하고 느끼고 선포하며 그리스도를 삽니다.
2. 믿음의 실상과 증거로 여리고성을 돌며 침묵하는 것이 믿음 생활입니다.
   1) 죽기 전에 죽은 나는 없음無이며 주는 위대하시고, 나는 텅 빔이며 주는 충만하시고, 나는 정지됨이며 주는 영으로 운행하십니다.
   2) 여리고성을 돌고 있는 것은 우리 가운데 계신 그리스도이십니다.
3. 몸은 성을 돌고 혼은 주 안에서 성막기도를 하는 것이 믿음 생활입니다.
   1) 번제단에서, 내가 그리스도와 함께 십자가에 못 박혔음을 봅니다.
   2) 물두멍에서, 영이요 생명이신 말씀으로 몸의 행실을 다스립니다.
   3) 등잔대에서, 주께서 열방의 교회를 보듯 우리도 봅니다.
   4) 떡상에서, 그리스도께서 내 뼈와 살 전부 되심을 고백합니다.
   5) 분향단에서, 자아 소멸 속에 주기도문의 향기가 하늘로 올라갑니다.
   6) 지성소에서, 주님과 내 혼이 연합됨을 믿음으로 누립니다.

4. 보이지 않는 세계에 말씀대로 이루어진 실상을 갖고 사는 것이 믿음 생활
   입니다.

   1) 믿음의 실상을 가진 증거는 내면의 기쁨과 평강입니다.

   2) 보이지 않는 심중과 양자장에, 그리스도의 충만하심을 의식합니다.

   3) 그 의식으로 나와 세상을 바라보며, 내 불편함도 조건 없이 느낍니다.

5. 내면에서 떠오르는 불편함과 고통을 아가페 사랑으로 '조건 없이' 느낍니다.

6주 차

믿음의 실상과 증거에 의해,
하나님 말씀대로 생각하고 말하고 느끼고 선포!

할례를 받고 다 나은 주의 백성들은 진을 치고 유월절을 지켰습니다. 유월절Passover, 다 지나간 것입니다(Passover = pass + over). 이 세상 지나가고 아버지 집 벧엘에 주의 자녀들 모여 믿음 생활 합니다. 약속의 땅의 소출을 먹으니, 광야의 만나는 그쳤습니다. 주께서 말씀하십니다.

"내가 여리고와 그 왕과 용사들을 네 손에 넘겨주었으니"(여호수아 6:2).

주의 말씀대로 생각하고 말하고 느끼고 선포하며 믿음의 선한 싸움을 합니다.

광야에서 믿음 생활의 주체는 '육신의 나'였습니다. 내가 주체 되어 만든 믿음의 실상과 증거는 '상대는 거인이고, 하나님을 모신 우리는 메뚜기이다'입니다. 그러나 이제는 주체가 바뀌었습니다. 길갈에서 내 안의 그리스도께서 주체 되시어 만든 믿음의 실상과 증거는 '하나님이 우리를 기뻐하시니 상대는 한 끼 런치에 불과하다'입니다. 모든 생각을 사로잡아 우리 주 예수 그리스도의 발아래 굴복시킵니다.

오직 믿음으로 내 안의 주님을 따릅니다. 오직 말씀대로 믿음의 실상과 증거를 간직하고 여리고성을 돕니다. 죽기 전에 죽어 내가 없으니 침묵하며 선악 간 말하지 않습니다. 나는 텅 비고 정지되어 있으나, 주님은 충만하시며 영으로 운행하십니다. 우리 몸이 말씀 따라 성을 돌고 있으나, 실제로 그 성을 도는 것은 우리 가운데서 우리 믿음의 주체 되시는 우리 주 예수 그리스도이십니다. 법궤를 멘 제사장들이 앞장서니, 모든 시선을 우리 주님께 드립니다. 양각 뿔 나팔 소리에 하나님 나라 도래의 기쁨이 가득합니다.

몸에서 벗어나 그리스도 영 안에 머무는 우리 혼은 마치 애벌레가 누에고치에서 벗어나 나비 되어 훨훨 날듯 그렇게 자유로운 혼이 되어 우리 존재 중심 하늘 보좌까지 나아갑니다. 하늘 성전 번제단에서 내가 그리스도와 함께 죽었음을 의식합니다. 물두멍으로, 등잔대로, 떡상으로, 분향단으로 성령님 인도를 받습니다. 주께서 가르쳐 주신 기도를 올리며 끊임없이 소멸되는 자아를 경험합니다. 오직 하나님의 주권과 자비로 지성소까지 이끌림을 받으니, 주님과 내 혼이 연합됨을 믿음으로 누립니다. Union with God.

승리한 유리 바닷가 무리들과 우리 영이 하나 되어 그리스도의 통치를 받고 있음을, 우리 혼이 의식합니다. 이 땅에 우리는 오직 믿음으로 존재합니다. 오직 말씀대로 생각하고 말하고 느끼고 선포합니다. 이것이 영적 존재의 참된 믿음 생활입니다. 6주 차 임재 훈련입니다.

6주 차 첫째 날 - 아침저녁으로 15분씩 임재 호흡기도

"여러분의 몸을 하나님께서 기뻐하실 거룩한 산 제물로 드리십시오. 이 것이 여러분이 드릴 합당한 예배입니다"(로마서 12:1).

강을 건넌 주의 백성들은 적을 눈앞에 두고 할례를 행하고 각 처소에서 낫기를 기다립니다. 몸을 산 제물로 드린 것입니다. 제물이니, 죽기 전에 죽었습니다. 더 이상 과거에 집착하지 않습니다. 미래를 추구하며 '지금 이 순간 여기'를 삭제하지도 않습니다. 영원히 현존하시는 하나님 생명과 연결되어 주의 말씀대로 생각하고 말하고 느끼고 행동합니다. 숨 쉬는 순간순간이 예배입니다.

유월절을 지키며 이전 것을 다 지나가게 하신 주 하나님을 기뻐합니다. 그리스도 안에서 새로운 피조물 되었습니다. 영적 존재입니다. 하나님 자녀입니다. 하나님을 기뻐하니, 주님도 '내가 너를 기뻐한다. 너는 나의 사랑받는 자녀다' 말씀하십니다. 그 음성 그 말씀이 나를 나 되게 하십니다. I am what I am by the grace of God. 이것은 하나님이 기뻐 받으시는 합당한 예배입니다.

주님께서 말씀하십니다.
"내가 여리고와 그 왕과 용사들을 너의 손에 붙인다. … 엿새 동안 그 성 주위를 날마다 한 번씩 돌아라"(여호수아 6:2-3).
주의 백성들은 주의 말씀대로 생각하여 법궤를 메고 여리고성을 돕니다.
"주님의 궤를 메고 성을 한 바퀴 돌게 한 다음에 진에 돌아와서, 그 밤을 진에서 지내게 하였다. 다음 날 아침에 여호수아가 일찍 일어났다. 제사장들도 다시 주님의 궤를 메었다"(여호수아 6:11-12).

거룩한 산 제물 되어 말씀 따라 생각하고 말하고 느끼고 선포하며 여리고성을 도는 것이 곧 우리가 드릴 합당한 예배입니다.

우리 혼은 그리스도 영 안에서 끊임없이 성령님 인도 가운데 우리 존재 중심 주님 보좌로 나아갑니다. 우리 영은 이미 불이 섞인 유리 바닷가 승리한 무리들과 함께 있습니다. 주 성령께서 우리 혼으로 하여금 주께 가까이 나아가 우리 참자아를 의식하게 하십니다. 하나님 보좌로부터 끊임없이 울려 퍼지는 찬송과 영광을 의식하며 누리게 하십니다.

끊임없이 솟아나는 기쁨과 평강 가운데 우리 몸은 여리고성을 돕니다. 모든 생각이 사로잡히어 이미 주 예수님 발아래 굴복되어 있습니다. 나는 '없음'입니다. 나는 '텅 빔'입니다. 나는 '정지됨'입니다. 내 안의 그리스도 위대하십니다. 내 안의 그리스도 충만하십니다. 내 안의 그리스도 영으로 운행하십니다. 여리고성을 도는 무리들 가운데 나는 없고 우리 주 예수님 계십니다. 이것이 합당한 예배입니다.

6주 차 둘째 날 - 아침저녁으로 15분씩 임재 호흡기도

마른 뼈가 살아나 하늘의 군대가 되었습니다. 유월절, 이전 것은 다 지나갔습니다. 보십시오, 그리스도 안에서 새로운 피조물 영적 존재 되어 전쟁터로 나가는 주의 자녀들입니다. 믿음의 **선한 싸움**입니다.

그들이 약속의 땅의 소출을 먹으니, 다음 날부터 만나가 그쳤습니다.

만나가 그친 것은 하나님의 의지입니다. 광야에서 자기 백성들을 하늘 양식으로 먹이던 공급 루트를 바꾸었습니다. 이제 약속의 땅을 점령하여 그 땅을 소유하여 영광을 나타내시며 자녀들이 그 땅의 소출을 먹게 하겠다는, 하나님의 의지입니다. 말씀으로 온 우주를 창조하시고 보존하시는 주 하나님께서 이제 그 땅을 표징 삼아 온 땅의 주인 되심을 스스로 드러내시겠다는 그분 의지의 표명입니다. 하늘에서 이루어진 뜻을 이 땅에서도 이루어지게 하겠다는, 하나님의 의지입니다.

나는 나다. I AM WHAT I AM. 모세를 통하여 출애굽 백성들을 이끄시는 하나님의 참모습입니다. 전능자 하나님께서 계획하시고 작정하신 것은 이미 하늘에서 성취된 실상을 갖고 계십니다. 그것을 이 땅의 주의 몸 된 교회의 복종을 통해 지금 여기에 나타내십니다. 말씀에 복종하는 이 땅의 교회는 그것을 수종 들며 보게 될 것입니다.

바로 그 하나님이 말씀하십니다.
"내가 여리고를 너희 손에 넘겨주었다"(여호수아 6:2).
'넘겨주었다'의 히브리어 나탄*nathan*은 칼 완료형, 즉 과거형입니다. 이미 주셨습니다. 그래서 보이지 않는 세계에서는, 여리고성은 이미 무너졌고 주의 백성들이 그곳에 들어가 주의 말씀을 따라 그 성을 다스립니다. 이것이 믿음의 참된 실상입니다. 하나님께서 주의 백성들을 통해 이 땅을 통치하시는 방식입니다. 우리의 눈으로 보기에 여리고성은 여전히 세상 사람들의 수중에 있습니다. 견고합니다. 그러나 믿음으로 바라볼 때에, 그 성은 하나님 말씀을 따라 이미 주의 백성들 수중에 들어간 것입니다.

"여러분은 죽은 사람들 가운데서 살아난 사람답게, 여러분을 하나님께 바치고, 여러분의 지체를 의의 연장으로 하나님께 바치십시오"(로마서 6:13).

이미 그들은 몸을 산 제물로 드렸습니다. 죽기 전에 죽었습니다. 이제 그들의 몸은 의의 병기입니다. 하늘의 군대 된 그들의 몸(생각, 감정, 신체)은 하나님의 의지를 실행하는 병기입니다. 우리 안에 계신 그리스도께서 그 몸을 통해 나타나시며 다스리십니다. 이 땅에 하나님 나라를 펼치십니다.

그리스도 안에서 영적 존재인 우리의 생각과 감정과 신체는 하나님 의지를 실행하는 의의 병기입니다. 주의 말씀에 복종하여 자신의 모든 육신의 생각들을 사로잡아 주 예수 그리스도께 굴복시켰기 때문입니다. 시선을 법궤 되시는 주 예수님께 드리고 희년의 재림 나팔 소리를 들으며 여리고성을 도니, 우리 심령 깊은 곳에서 기쁨과 평강이 샘솟듯 올라와 자신은 메뚜기 같고 상대는 거인 같다는 육신의 생각들이 산산조각 납니다. 하나님을 대적하는 견고한 진 여리고성이 무너지는 것을, 믿음의 실상으로 인해 몸으로도 느끼며 그 성을 돌고 있는 것입니다.

우리는 보이는 대로 말하지 않습니다. 주 말씀 따라 우리 심중에 새겨진 믿음의 실상과 증거를 갖고 말씀대로 말하고 선포하니, 그 선포대로 주 역사하십니다. 주의 일하심 볼 수 없어도, 주의 일하심 알 수 없어도, 주는 결코 멈추지 않습니다.

보이는 상황과 형편, 내 생각에서 내 안에 계신 주 예수님께로 방향을 전환합니다. 들숨 날숨 숨결에 주의 영 인도를 받으며 주께로 나아가니,

불이 섞인 유리 바닷가 승리한 무리들과 한 영 되어 있는 나의 참모습을, 우리 혼으로 하여금 의식하며 발견하게 하십니다. 몸은 지금도 여리고성을 돌고 있는데, 우리 혼은 나비 되어 훨훨 날아 주께로 주께로 주 보좌 앞으로 나아가 찬양과 경배를 올립니다. 믿음 생활의 참된 모습입니다.

6주 차 셋째 날 - 아침저녁으로 15분씩 임재 호흡기도

"다음 날 아침에 여호수아가 일찍 일어났다. 제사장들도 다시 주님의 궤를 메었다. … 제사장들은 계속하여 나팔을 불었다. 이튿날도 그들은 그 성을 한 바퀴 돌고 진으로 돌아왔다. 그들은 엿새 동안 이렇게 하였다"(여호수아 6:12-14).

하나님은 자신을 벧엘의 하나님으로 나타내십니다. 아브람은 벧엘에서 처음으로 제단을 쌓고 여호와의 이름을 부릅니다(창세기 31:13, 13:4). 벧엘의 뜻은 하나님 집입니다. 아버지 집의 모든 것들이 다 자녀들 것입니다.

"너는 늘 나와 함께 있으니 내가 가진 모든 것은 다 네 것이다"(누가복음 15:31).

자녀들은 그리스도와 더불어 공동 상속자들입니다(로마서 8:17).

"하나님께서는, 우리가 그를 앎으로 말미암아 생명과 경건에 이르게 하는 모든 것을, 그의 권능으로 우리에게 주셨습니다"(베드로후서 1:3).

아버지 집에 있는 자녀들에게 이미 여리고성을 주셨고, 아이성을 주셨으며, 약속의 땅 그리스도를 주셨습니다. 자녀들은 이미 신성과 원복을 가지고 있습니다. 이것이 우리 믿음의 실상입니다.

영적 군사들은 주의 말씀에 복종하여 믿음의 증거와 실상을 가지고 여리고성을 돕니다. 이미 성취된 응답을 심중에 실상으로 간직하니, 여리고성은 이미 무너졌고 주의 백성들이 그곳에 들어가 주의 말씀을 따라 그 성을 다스립니다. 나팔 소리에 끊임없이 올라오는 응답의 기쁨 가운데 보이는 견고한 성은 주의 군사들에게 아무런 힘을 부리지 못합니다. 주의 군사들은 무너진 성에 들어가 승리의 함성을 지르는 믿음의 실상에서 비롯된 기쁨과 감사로 오늘도 성을 돕니다. 그 기쁨과 감사를 끊임없이 보이는 세상의 견고한 진에 흘려보내며 6일 동안 그 성을 선악 간에 말하지 않고 침묵하며 돕니다. 다시 말해, 영적 군사들은 보이지 않는 세계에 하나님 말씀 따라 이미 존재하는 실상을 보이는 세계에 투사하고 인식하며 그 성을 돌고 있는 것입니다.

"하나님께서 창조하신 믿음의 법칙을 오늘날 과학으로 보면 보이지 않는 세계에서의 에너지 동조와 공명으로 설명할 수 있다. 즉 보이지 않는 세계의 생각과 심중에 그에 따른 감정으로 만들어진 실상을 가질 때 그것은 에너지가 되고 그 에너지에 준하는 외부 에너지와 동조하고 공명하게 된다. 그 결과로 자신 안에 그 에너지를 끌어들이게 되고 그 에너지는 보이는 세계에 실체로 나타나는 것이다. 그것이 보이지 않는 세계의 실상이 어떻게 보이는 세계의 실체가 되는지를 알려 주는 것이다. 이것은 하나님께서 만드신 믿음의 법칙으로 '(믿은 대로) 그대로 되리라'의 법이다."(손기철,《킹덤 시크릿》중에서)

하나님께서 여리고성을 이미 주신 것을 실상으로 간직하고 살면 보이는 세상에 그 실상이 현실로 나타난다는 것과 동일한 말씀을 우리 주 예수님께서 말씀하십니다.

"하나님을 믿어라. 내가 진정으로 너희에게 말한다. 누구든지 이 산더러 '번쩍 들려서 바다에 빠져라' 하고 말하고, 마음에 의심하지 않고 말한 대로 될 것을 믿으면, 그대로 이루어질 것이다. 그러므로 나는 너희에게 말한다. 너희가 기도하면서 구하는 것은 무엇이든지, 이미 그것을 받은 줄로 믿어라. 그리하면, 너희에게 그대로 이루어질 것이다"(마가복음 11:22-24).

'받은 줄로'는 과거입니다. 이미 하나님께서 주셨습니다. 심중에 믿음의 실상으로 새겨져 있습니다. '믿어라'는 현재입니다. 믿음의 실상으로 눈에 보이는 우리의 현실, 즉 여리고성을 도는 것입니다. 즉 보이지 않는 세계에서 이미 이루어진 실상으로 인한 기쁨과 감사를 끊임없이 보이는 현실로 흘려보내는 것입니다. 그러면 주님의 때인 미래에 '그대로 이루어질 것이다'라는 겁니다. 구약의 하나님과 신약의 하나님 그리고 지금 우리와 함께하시는 하나님의 일하시는 방식은 언제나 동일하십니다.

아버지 집에서 사는 우리는 보이는 대로 살지 않습니다. 오직 믿음으로 삽니다. 오직 은혜로 나의 나 됨 가운데 "오직 말씀대로 생각하고 말하고 느끼고 행동하며 삽니다"(손기철,《말씀대로 말하라》중에서). 벧엘, 아버지 집에서의 자녀들 삶입니다.

6주 차 넷째 날 - 아침저녁으로 15분씩 임재 호흡기도

벧엘, 아버지 집에 있는 자녀들에게는 **누구든지, 무엇이든지**입니다. 예외가 없습니다. 차별도 없습니다. 먼저 하나님 나라와 그 의를 구하며 외부에서 내면으로 방향을 전환했기 때문입니다. 포도나무에 가지가 붙어서 영양분을 공급받아 열매가 맺히듯, 우리의 주체가 포도나무이신 우리 주 예수 그리스도이시기 때문입니다. 우리가 그분 그리스도 안에 있고, 그분 말씀이 우리 심령에 새겨져 있기 때문입니다.

우리 혼이 그리스도 영 안에 거하며 아버지 집의 모든 것을 우리 것으로 누립니다. 이미 온전합니다. 의롭고 영광스럽습니다. 항상 기뻐합니다. 범사에 감사합니다. 쉬지 않고 기도합니다. 새사람이 된 우리는 우리를 창조하신 분의 형상을 따라 참지식 안에서 끊임없이 새로워집니다. 거기에는 종교인과 비종교인도, 특별한 자와 특별하지 않은 자도, 배운 자도 못 배운 자도, 종도 자유인도 없습니다. **'누구든지, 무엇이든지'**입니다. 새사람 된 우리들의 주체가 그리스도이시기 때문입니다. 오직 그리스도만이 모든 것이며, 모든 것 안에 계십니다(골로새서 3:10-11).

우리의 주체 되시는 주 예수님의 이름으로 무엇이든지 구하면 이루어 주십니다.

"너희가 내 이름으로 무엇을 구하든지 내가 행하리니 이는 아버지로 하여금 아들로 말미암아 영광을 받으시게 하려 함이라 내 이름으로 무엇이든지 내게 구하면 내가 행하리라"(요한복음 14:13-14).

이것은 삼위일체 하나님께서 정하신 벧엘 아버지 집의 믿음의 법입니다. 하나님 생명을 부어 주시는 성령님은 바로 이 법과 원리를 따라 역사하십니다. 그러므로 '누구든지' 그리스도 영 안에서 성령님의 인도를 받으며 말씀대로 생각하고 말하고 느끼므로 생겨난 심중의 그 실상을 따라 믿음으로 살아가면, 그 실상이 '무엇이든지' 이 땅에 보이는 실체로 나타납니다. 한마디로 말해, 주 예수님의 이름으로 말미암아 믿으면 '무엇이든지' 그 믿음대로 이루어집니다. 그리스도 안에서 이 땅에 펼쳐지는 하나님의 통치 방식입니다. 우리 아버지는 오직 우리의 주체 되시는 주 예수님을 통해서만 영광을 받으십니다.

주님이 말씀하시는 오늘이라고 하는 이날, 우리 몸은 보이는 세상의 견고한 요새를 돕니다. 동시에 우리 혼은 그리스도 영 안에서 성령님 인도를 따라 하늘 성전으로 훨훨 날아갑니다. 보이는 상황과 여건과 문제들에 더 이상 속박당하지 않습니다. 진정한 우리 자신들을 발견케 하십니다. 찬양과 경배 가운데 오직 주 말씀대로 생각하고 말합니다. 그리고 보이지 않는 세계에 이 땅에 대한 온전한 실상을 간직하게 하십니다. **'누구든지, 무엇이든지.'** 가정과 생업과 섬기는 주의 몸 된 교회의 온전한 실상을 주 예수 그리스도의 이름으로 말미암아 심중에 간직하니, 기쁨과 감사와 평강이 심중에서부터 보이는 현실로 끊임없이 흘러갑니다. 주님께서 이 믿음 받으시며 우리 혼과 몸을 사로잡으시고 통치하십니다. 아버지의 때에 그 실상을 이 땅에 드러내시니, 아버지께서 주 예수님으로 말미암아 영광을 받으십니다. 벧엘, 아버지 집에서의 우리 삶입니다.

6주 차 다섯째 날 - 아침저녁으로 15분씩 임재 호흡기도

"그들은 그 성을 한 바퀴 돌고 진으로 돌아왔다. 그들은 엿새 동안 이렇게 하였다"(여호수아 6:14).

벧엘, 아버지 집에 살고 있는 우리 몸은 오늘도 여리고성을 돕니다. 우리 몸(생각, 감정, 신체)은 세상 법을 따라 고생과 수고를 합니다. 그러나 외부에서 내면으로 방향을 전환한 우리 혼은 그리스도 영 안에서 성령님의 이끄심을 따라 하나님의 법을 섬기며 주님 보좌 우리 존재 중심으로 나아갑니다.

들숨에 '그리스도 안에서' 날숨에 '아버지 사랑으로' 숨결에 주님을 찬양하며 성전 뜨락으로 들어서게 하십니다. 번제단 앞에서 내가 그리스도와 함께 죽었음을 알아차리게 하십니다. 내가 사는 것이 아닙니다. 내 안에 그리스도 사십니다. 물두멍에서 영이요 생명이신 말씀으로 몸의 행실을 죽음에 넘기십니다. 생각과 감정을 말씀으로 새롭게 하시며, 여리고성을 도는 우리 존재 깊은 곳에서부터 희년의 나팔 소리 가운데 기쁨과 평강이 솟아나게 하십니다. 아버지 집, 벧엘입니다.

가슴으로 '그리스도 안에서' 코로 10여 초 깊이 들이마십니다. 사방에서 불어오는 하나님의 생기 가운데, 우리 혼이 주의 인도 따라 성전 안 등잔대로 인도함 받습니다. 일곱 촛대, 열방의 교회를 주관하시는 우리 주 예수 그리스도 의식으로 우리도 열방의 그리스도를 의식하게 하십니다. 가슴으로 '아버지 사랑으로' 코로 10여 초 깊이 내쉽니다. 떡상에서, 아버지 사랑이 온 우주로 퍼져 나가며 만유시요 만유 가운데 계신 그리스도께서 우리 몸과 뼛속까지 함께하심을 알아차리게 하십니다.

그분, 우리 주 예수 그리스도께서 여리고성을 도는 우리들 가운데 계십니다. 나는 없고, 오직 그리스도만이 우리 생각과 감정과 신체를 통해 가정과 생업과 섬기는 교회 가운데 나타나십니다. 그리스도의 사랑으로 가득한 우리 가정과 생업과 교회의 실상을 의식하며 기뻐하게 하십니다. 들숨에 '그리스도 안에서' 날숨에 '아버지 사랑으로' 지금 이 순간 여기에 영원히 현존하시는 하나님 생명과 연결되어 숨결에 끊임없이 그리스도를 찬양하며 경배케 하십니다. 가정의 어두움에 사랑과 빛을 비추십니다. 가시덩굴을 내는 생업의 터전에 '생육하고 번성케 하시는' 실상을 갖고 기뻐하게 하십니다. 아주 오래된 마른 뼈들이 일어나듯이, 열방의 교회들이 하늘 군대로 소생케 되는 실상을 갖고 선포하게 하십니다.

우리의 이 믿음 받으시고, 우리 주체 되시는 주 예수님께서 하늘에서 이루어진 이 뜻을 이 땅에 나타내십니다. 벧엘, 아버지 집에서의 자녀들 삶입니다.

6주 차 여섯째 날 - 아침저녁으로 15분씩 임재 호흡기도

성경에서 숫자 6은 창조세계의 완성을 의미함과 동시에 사탄의 역사로도 사용됩니다. 하나님이 창조를 6일째 끝내셨습니다. 자연구조는 육면체가 많고, 지성소와 하늘의 예루살렘성은 정육면체입니다. 숫자 7은 완성된 곳에 하나님이 임하시어 안식하는 의미로 사용됩니다. 여리고성을 6일 동안 6번 도는 것은, 믿음의 실상을 가지고 보이는 현실에 하늘의 기쁨과 안식을 흘려보냄에 있어서 온전함을 상징합니다. 7일째 7번을 돌며 마지막에 함성과 선포를 하는 것은, 6일 6번 여리고성을 돌며 새로운 현실을 창조한 것에 대한 응답으로서, 물질세계를 통하여 역사하는 사탄의 역사를 파쇄하시며 하나님 몸소 임하시어 좌정하시는 것을 의미합니다. 즉 6일의 창조를 마치고 7일째 몸소 임하시어 안식하심으로 하늘에서 이루어진 뜻을 이 땅에서도 이루심에 대한 상징입니다.

몸이 여전히 6일째 6번 여리고성을 도는 가운데, 우리 혼은 외부에서 내면으로 방향을 전환하여 주 성령의 인도하심을 따라 성소 분향단에서 기도를 올립니다. 들숨에 가슴으로 '하늘에 계신 우리 아버지여' 부르는 주체가 육신의 '나'가 아니고, 내 안에 계신 그리스도이십니다. 날숨에 가슴으로 '나라가 임하옵시며' 영이신 하나님의 영의 나라입니다. 우리 심중에 말씀을 간직함으로, 영의 나라가 우리 가슴(심중)에 임하여 우리 혼이 하늘 성전의 분향단에서 기도합니다. 들숨에 가슴으로 '뜻이 하늘에서 이루어진 것처럼…' 주체가 그리스도가 되시며 그 영의 나라에 속한 우리들은 혼과 몸이 주님의 통치를 받습니다. 주 말씀 따라 생각하고 느끼고 말하니, 보이지 않는 세계에 주 말씀의 실상을 갖습니다. 주께서 그 실상을 이 땅에 나타내시니 날숨에 가슴으로 '뜻이 땅에서도 이루어집니다.' 우리 안의 그리스도께서 그러한 우리를 지키시고 보호하십니다. 그러므로 악마가 여리고성을 돌고 있는 우리를 해치지 못하니, '시험에 들게 하지 마시며 다만 악에서 구하소서'의 성취입니다.

벧엘, 아버지 집에서의 자녀들의 믿음 생활입니다. 아버지 집에 돌아가니, 가락지를 끼우고 비단 옷을 입히고 신발을 신겨 주시며 잔치를 베푸십니다. 아버지 집 지성소까지 이끌어 주시니, 진정한 나로 살게 하십니다. 주께로 나아갈수록, 육신의 무게감은 점점 더 엷어져 마치 껍데기 같습니다. 여리고성을 돌고 있는 우리의 육신은 마치 나비가 훨훨 날아가고 남아 있는 빈껍데기 누에고치 같습니다.

"우리의 겉사람은 낡아가나, 우리의 속사람은 날로 새로워집니다. 지금 우리가 겪는 일시적인 가벼운 고난은, 비교할 수 없을 정도로 영원하고 크나큰 영광을 우리에게 이루어 줍니다"(고린도후서 4:16-17).

우리 혼은 영 안에서 주 성령에 사로잡혀 있습니다. 우리 몸은 성을 돌며 이 땅에서 주 성령에 사로잡혀 있습니다. 우리 영과 혼과 몸이 온전히 하나님께 속해 있습니다. 오직 은혜입니다. 오직 믿음으로 주 말씀대로 생각하고 말하고 느끼고 행동하며 6일째 여리고성을 돕니다.

6주 차 일곱째 날 - 아침저녁으로 15분씩 임재 호흡기도

Q: 지금까지 6주 42일 아침저녁으로 임재 호흡기도를 했습니다. 총 15분씩 84번이나 했어요. 이제는 제법 생활 가운데서도 임재 호흡이 되고 있어요. 눈에 띄는 단기효과는 무엇일까요?

A: 뇌에 지각된 불편과 고통의 감각에 대하여, 동물처럼 즉각 반응하여 행동으로 나타내는 것에서 벗어나 의식적으로 그것은 구원의 메신저임을 알아차리고 내 안의 주 예수님께로 모든 시선을 드리는 것에 익숙해졌습니다. 그러니 당연히 즉각 반응 속에 내 안에 울고 있는 아이의 울음보를 터트리고 후회하고 수치스러워하는 감정들이 치유되고 사라졌습니다. 내 안에 계신 그리스도께서 그 자리를 차지하시고 다스리심을 의식하고 불편해하는 내 모습 이대로를 아무 조건 없이 수용하며 감사하고 기뻐합니다. 감정이 통합되고 실상을 간직한 영의 생각으로 인해 생명과 평강이 있습니다. 이것이 하루 24시간 생활로 연장되니, 계속되는 임재 호흡 가운데 삶이 예배가 됩니다.

Q: 보이는 대로 살지 않고, 믿음의 실상을 간직하여 그 믿음으로 사는 것에 많은 어려움을 느낍니다. 믿음의 실상으로 살아가는 데 유효한 팁이 있으면, 보너스라고 생각하고 좀 알려 줄 수 있나요?

A: 하나님께서 모든 인간에게 주신 믿음의 법칙이 있습니다. 창조세계

는 하나님을 믿든 안 믿든 모두가 하나님 창조의 법 안에서 움직이고 있습니다. 그 법은 바로 **네 믿음대로 될지어다**'입니다. 예수님께서 자주 하신 말씀이지요. 안 믿는 자들은 자신들의 심중에 있는 경험과 지식에서 비롯된 상상을 가지고 느끼며 실상을 만들어 그것으로 살아가니, 결국 보이는 세상에 그 실체를 나타내게 됩니다. 쉽게 말해, '나 자신은 정말 빌어먹을 놈이다' 하고 심중에 믿고 사니, 입으로는 '난 훌륭해' 말하고 살아도, 실제로는 빌어먹고 사는 자신을 세상에서 경험하고 나타내는 겁니다. 또한 우리는 정말로 하늘을 날 수 있다고 믿었기 때문에 될 때까지 반복했고, 그래서 결국 비행기나 행글라이더를 타고 다니고 있지요.

마찬가지입니다. 하나님 말씀대로 정말 믿기에, 어떤 상황과 형편에서도 자신을 부인하고 자기 십자가를 짊어집니다. 그 결과, 자신이 죽기 전에 죽었음을 실상으로 간직합니다. 이제는 내가 사는 것이 아니라 내 안에 그리스도 사심을, 하나님 임재 가운데 누리며 오직 믿음으로 수종 들며 삽니다. 이 믿음의 실상에는 항상 기쁨과 평강이 함께합니다. 따라서 '기쁨과 평강'은 믿음의 실상이 제대로 만들어졌는가에 대한 잣대가 됩니다. 내가 죽기 전에 죽었다는 것이 어떤 때는 믿어지다가 또 다른 때는 보이는 것에 좌우되어 안 믿어진다면, 그것은 아직 우리 심중에 실상으로 자리 잡은 것이 아닙니다. 왜냐하면 우리 혼이 오직 은혜로 그리스도 영 안에서 말씀대로 의식한 결과 생겨난 영의 생각이 곧 믿음의 실상이기 때문입니다. 그리고 그 실상이 하나님으로부터 온 것임이 기쁨과 평강, 즉 영의 감정으로 확증되기 때문입니다. 그래서 믿음의 실상은 보이는 형편에 좌우되지 않습니다.

만약 믿음의 실상을 가졌다고 생각했는데 보이는 것에 흔들리고 있다면, 외부에서 내면으로 전환하여 우리 혼이 그리스도 영 안에서 성령님의 인도를 받으며 다시금 참된 믿음의 실상이 만들어져야 합니다. 그래야 그 믿음으로 **'누구든지 무엇이든지'** 만들어진 실상을 갖고 살 수 있습니다. 그러면 주님은 그 믿음을 받으시고 그 실상의 근원 되시는 우리 주 예수님을 경험하고 이 땅에 나타내게 하십니다. 다시 말해, 우리는 아무 조건 없이 내 모습 이대로를 감정으로도 수용하게 됩니다. 그리고 주 성령님은 몸(생각, 감정, 신체)으로 여리고성을 돌며 성이 무너지고 하나님 영광 나타나심을 경험하며 수종 들게 하십니다.

6주 차 요약
- 믿음의 실상으로 여리고성을 도는, 6주 차 훈련이었습니다.

심중에 새겨진 믿음의 실상을 가지고 보이는 세상의 여리고성을 도는 6주 차 훈련이었습니다. 끊임없이 솟아나는 기쁨과 평강 가운데 우리 몸(생각, 감정, 신체)은 하루에 한 번씩 6일 동안 성을 돕니다. 모든 생각이 사로잡히어 이미 주 예수님 발아래 굴복되어 있습니다. 여리고성을 도는 무리들 가운데 '나'는 없고 우리 주 예수님 계십니다.

몸은 보이는 세상의 견고한 성을 돌고 있지만, 우리 혼은 그리스도 영 안에서 끊임없이 성령님 인도 가운데 우리 존재 중심 주님 보좌로 나아갑니다. 우리 영은 이미 불이 섞인 유리 바닷가 승리한 무리들과 함께 있습니다. 주 성령께서 우리 혼으로 하여금 주께 가까이 나아가 우리 참자아를 의식하게 하십니다. 하나님 보좌로부터 끊임없이 울려 퍼지는 찬송과 영광을 의식하며 누리게 하십니다.

그들이 약속의 땅의 소출을 먹으니, 다음 날부터 만나가 그쳤습니다. 그것은 하나님의 의지입니다. 말씀으로 온 우주를 창조하시고 보존하시는 주 하나님께서 이제 그 땅을 표징 삼아 온 땅의 주인 되심을 스스로 드러내시겠다는 그분 의지의 표명입니다. 나는 나다. I AM WHAT I AM. 모세를 통하여 출애굽 백성들을 이끄시는 하나님의 참모습입니다. 전능자 하나님께서 계획하시고 작정하신 것은 이미 하늘에서 성취된 실상을 갖고 계십니다. 그것을 이 땅의 주의 몸 된 교회의 복종을 통해 지금 여기에 나타내시니, 복종하는 이 땅의 교회는 그것을 수종 들며 보게 될 것입니다.

바로 그 하나님이 말씀하십니다. "내가 여리고를 너희 손에 넘겨주었다." 이미 주셨습니다. 그래서 보이지 않는 세계에서는, 이미 무너진 여리고성과 그것을 기뻐하는 주의 백성들의 모습이 실상reality으로 존재합니다. 보이는 견고한 성은 주의 군사들에게 아무런 힘을 부리지 못합니다. 주의 군사들은 재림의 나팔 소리를 들으며 믿음의 실상으로부터 흘러나오는 승리의 함성을 지르는 기쁨과 감사로 오늘도 성을 돕니다.

하나님께서 주의 백성들을 통해 이 땅을 통치하시는 방식입니다. 하나님은 어제와 오늘과 내일이 동일하시며 그 일하시는 방식도 언제나 동일하십니다. 그러므로 그 통치의 모습을, 동일하게 주 예수님의 말씀에서 확인할 수 있습니다. '하나님을 믿어라. 누구든지 심중에 의심하지 않고 말한 대로 될 것을 믿으면, 그대로 이루어질 것이다.' 믿음의 실상을 갖고 그것으로 살아가면, 보이는 세상에 그것이 나타날 것이라는 말씀입니다. 6일째 여리고성을 실상을 갖고 돌고 있는 하나님 임재 훈련 6주 차였습니다.

벧엘에서 여리고로 – 주께로 더 가까이

1. 오직 말씀에서 비롯된 믿음의 실상은 이 땅에 현실로 나타납니다.

   1) 하늘에서 이루어진 뜻이 이 땅에서도 이루어지는 것입니다.

   2) 보이지 않는 세계에 실상reality으로 존재하던 것이 이 땅에 드러나니, 우리 주 예수님으로 인해 하나님께서 영광을 받으십니다.

2. 참된 믿음의 실상은 이 세상의 형편과 상황에 좌우되지 않습니다.

   1) 이 세상이 아닌, 보이지 않는 심중에 말씀 따라 이루어진 것이기 때문입니다.

   2) 오직 은혜로 오직 믿음을 통해 말씀 따라 심중에 존재하기 때문입니다.

3. 하나님을 믿으면, 누구든지 무엇이든지 참된 실상을 가질 수 있습니다.

   1) 하나님을 믿는 이 믿음은, 내가 없고 내 안에 예수님이 주체 되신 믿음입니다.

   2) 하나님께서 허락하신 것이기에, 그 실상은 주께서 원하시는 때에 성취됩니다.

4. 실상이 현실로 나타나지 않는 두 가지 이유

   1) 하나님께서 원하시는 때/시기가 아직 아니기 때문입니다.

   2) 하나님에게서 비롯된 것이 아닌, 잘못된 실상이기 때문입니다.

5. 잘못된 실상의 주체는 항상 '나', 즉 거짓 자아입니다.

   1) 첫 번째 아이성 공격은 실패였습니다. 하나님께서 허락한 것이 아니기 때문입니다.

2) 거짓 자아가 주체가 되어 만든 실상은 보이는 상황과 형편에 좌우됩니다. 그 결과, 보이는 것의 힘에 휘둘림 당하여 그 실상이 깨지고 흩어집니다.

3) 약속의 땅에 있으나, 실제로는 벧엘이 아닌 여리고에 있게 됩니다.

6. 여리고는 물이 안 좋아 열매를 맺지 못하는 땅입니다(열왕기하 2:19-22)

1) 거짓 자아가 주체가 되어 참된 믿음의 실상을 갖지 못합니다.

2) 전멸하여 하나님께 드릴 물건을, 아간이 몰래 소유한 곳입니다.

3) "큰아들은 화가 나서, 집으로 들어가려고 하지 않았다"(누가복음 15:28).

아버지는 큰아들에게 다 주었는데, 큰아들은 늘 열매를 맺지 못합니다.

7. 여리고는 하나님 임재의 메마름을 경험하며 요단강으로 가야 할 타이밍입니다.

8. 생각과 감정만이 아니라 신체로도 '아무런 조건 없이' 내면의 불편함을 수용합니다.

7주 차

메마른 시기이지만 그분의 임재 안에서
더 깊은 친밀함에로!

믿음의 실상으로 여리고성을 도니, 7일 일곱 번째 성을 돌며 선포되는 함성과 나팔 소리 가운데 그 실상이 이 땅에 나타납니다.

"무너졌도다 무너졌도다 큰 성 바벨론이여"(요한계시록 18:2).

하나님께서 무너진 성 위에 보좌를 펼치시니, 여리고성과 그 안에 있는 모든 것들은 전멸되어야 할 제물이었습니다. 만약 그 제물을 훔치면, 그로 인해 주의 군대는 전멸당할 것입니다(여호수아 6:15-19).

하나님 임재 앞에 육신과 그 소유물은 항상 전멸의 대상입니다. 주 예수께서 우리 죄를 대신하여 육신으로 하나님 면전에 서셨기에, 전멸되듯 그렇게 하나님 저주를 받고 죽으셨습니다. 우리가 하나님 임재 연습을 한다는 것은, 아버지 집 벧엘에서 우리 육신과 그 소유물이 다 죽었다는 것을 반복해서 경험하는 것입니다. 우리는 인생의 바닥에서 모든 것을 뒤로하고 아버지 집으로 돌아온 자들입니다. 이런 우리를 향하여 아버지께서 말씀하십니다.

"나의 이 아들은 죽었다가 살아났고, 내가 잃었다가 되찾았다"(누가복음 15:24).

우리는 죽기 전에 죽었기에 하나님 임재 가운데 머물 수 있는 것입니다.

길갈에서 죄와 수치가 굴러가고 신성과 원복으로 우리는 새로 태어났습니다. 믿음의 실상을 갖고 여리고성을 돌았고, 그리고 이제 그 실상이 보입니다. 하나님 영광이 이 땅에 몸소 나타난 것입니다. 그 결과로, 우리는 영적 존재로서 하나님을 나타내는 새로운 육체를 경험하게 되었습니다. 죽기 전에 죽었기에, 우리 몸이 의의 병기 되어 주님을 나타냅니다.

'누구든지 무엇이든지'입니다. 주님의 말씀이 우리 안에 있고 우리가 주님 안에 있으니, 예수님은 포도나무이시고 우리는 가지입니다. 그러므로 가지 된 우리가 예수님 이름으로 구하는 것들은 이미 받은 줄로 믿게 됩니다. 믿음의 실상이 만들어진 것입니다. 가지에 영양분이 계속 공급되어 열매가 나타나듯, 믿음의 실상으로 인한 기쁨과 감사 가운데 살아갈 때에, 그 실상은 보이는 것으로 이 땅에 나타납니다. 이것은 하나님 나라의 통치법입니다.

그런데 주 임재 앞에서, 육신의 소욕을 따라 하나님 것을 도둑질하니, 그 임재와 영광은 사라지고 아이성 전투에서의 패배를 경험합니다. 믿음의 실상이 잘못 만들어졌던 것입니다. 그 주체가 포도나무인 예수님이 아니고, 가지인 우리가 주체가 되었으니 거짓된 실상을 갖게 된 것입니다. 보이지 않는 곳에 존재해야 할 실상은 거짓이기에 존재하지 않습니다. 그 결과, 그 실상을 붙잡은 우리는 보이는 것에 쉽게 휘둘림을 당합니다. 그리고 그 실상은 깨어져 사라지고 실패와 의심과 두려움만 남게 됩니다.

여리고는 물이 안 좋아 땅이 열매를 맺지 못하는 곳입니다(열왕기하 2:19-22). 물에 소금을 넣으니 그 땅이 치유를 받아 열매를 맺습니다. 소금은 자기 부인입니다. 자신의 생각과 감정의 싫고 좋음을 멈추는 것입니다. 그리고 자기를 포기하고 순종 가운데 주님을 따르며 '지금 이 순간 여기에' 현존하시는 하나님 생명과 연결되는 것입니다. 그러면 포도나무로부터 믿음의 실상이 만들어지고 다시금 그 실상으로 살며 주님의 때에 열매는 맺어집니다.

7주 차 첫째 날 - 아침저녁으로 15분씩 임재 호흡기도

제7일 일곱 번째 여리고성을 돌며 제사장들이 나팔을 불었습니다. 그 나팔 소리를 듣고서, 백성이 일제히 큰 소리로 외치니, 성벽이 무너져 내렸습니다. 백성이 일제히 성으로 진격하여 그 성을 점령하였고, 그 땅의 모든 소유를 전멸시켜서 희생제물로 바쳤습니다(여호수아 6:15-21). 믿음의 실상이 하나님의 때에 나타난 것입니다. 믿음은 바라는 것들의 실상이요 보이지 않는 것들의 증거입니다(히브리서 11:1). 구했더니 이미 받은 줄 알게 하셨습니다. 받은 것을 '지금 여기에서' 찾고 두드리니, 발견케 하시고 문을 활짝 여셨습니다(마태복음 7:7-11). 세상에서 힘을 떨치는 악마는 빵을 구했더니 돌을 주었고 생선을 달라 하니 뱀을 주었습니다. 그러나 우리 하늘 아버지께서는 구한 믿음의 실상을 이 땅에 펼쳐 보이십니다. 이 땅의 참된 주인은 우리 아버지이십니다. 하늘에 계신 우리 아버지께서는, '누구든지 무엇이든지' 주 예수의 이름으로 구하는 자녀에게 좋은 것을 주십니다. 믿음의 실상을 이 땅에 나타내게 하십니다.

여리고성에 가득했던 악과 죄와 결핍과 부족과 걱정근심 원망불평은 하나님이 창조하신 에덴동산에는 없던 것들입니다. 하나님이 창조하지 않은 것들이기에, 지금도 그리스도 안에는 없는 것들입니다. 말씀대로가 아닌 악마의 세력 아래 자기 생각대로 만들어 놓은 것들일 뿐입니다. 주님께서 그 민족들을 믿음의 실상을 가진 주의 백성들 앞에서 내쫓고 그 실상을 현실에 나타내신 것은, 그들이 악하기 때문입니다. 하나님께서 만들지 않은 죄와 결핍을 몰아내며 조상들과 세우신 언약을 지키기 위해서입니다(신명기 9:5).

하나님이 만들지 않은 죄악을 만들고 그 안에 갇혔던 내가 그리스도와 함께 십자가에 못 박혔습니다. 죽기 전에 죽었고, 이제는 내 안에 그리스도 사십니다. 여전히 보이는 세상에는 하나님께서 만들지 않으신 죄악이 무성합니다. 그러나 우리는 포도나무의 가지 되어 보이는 것들에 대한 참된 믿음의 실상을 심중에 간직합니다. 여기서 비롯된 기쁨과 감사가 우리의 가정과 생업의 어두움과 결핍에 흘러 들어가며 빛을 비추입니다. 악이 무성하고 견고한 것 같아도, 사실은 허물어지고 있던 여리고성처럼 그렇게 믿음의 실상에 의해 허물어지고 치유되고 회복되고 있습니다. 주께서 선포하라 하시니, 주 예수 그리스도의 이름으로 선포하는 것마다 믿음의 실상이 가정과 생업의 터전에 나타날 것입니다. 천사들의 일곱 번째 나팔이 울려 퍼질 때, 이 큰 성 바빌론은 한순간에 무너질 것입니다.

그리스도의 영 성령께서 우리에게 모든 것을 가르쳐 주십니다. 우리는 언제나 그리스도 안에 머뭅니다(요한1서 2:20,27). 주님께서 보여 주시고 알려 주시는 모든 말씀들이 우리 믿음의 실상이 됩니다. 그리고 그 실상은 믿음을 통해 우리의 생각과 말과 느낌과 행동으로 이 땅에 나타납니다. 하나님의 자녀 된 우리가 그리스도를 살며 그리스도를 나타내는 것입니다. 이것이 진정한 벧엘, 회복된 이 땅의 에덴동산에서 숨 쉬는 자녀들 삶입니다.

7주 차 둘째 날 - 아침저녁으로 15분씩 임재 호흡기도

믿음의 실상을 간직하고 여리고성을 13번 돌았습니다. 6일 동안 6번, 7일째 7번 총합 13번입니다. 12번을 돌 때까지는 그 성은 견고해 보였습니다. 흔들림이 없어 보였습니다. 그러나 진실은, 그 성은 12번을 도는 가운데 이미 녹아져 있었다는 것입니다. 그러니 제7일 일곱 번째 성을 돌며 외친 함성만으로도 그 견고해 보이던 성이 무너져 내리지 않았습니까?

"그 나팔 소리를 듣고서, 백성이 일제히 큰 소리로 외치니, 성벽이 무너져 내렸다"(여호수아 6:20).

그러므로 보이는 것에 속지 맙시다. 우리는 믿음으로 삽니다.

이미 그리스도 예수 안에서 하나님의 새 창조 역사는 시작되었습니다. 주님은 만물을 새롭게 하고 계십니다(요한계시록 21:5). 아버지는 그리스도를 통하여 자녀들을 보시기에, 이미 온전하고 의롭고 영광스러운 자녀들을 바라보시며 기뻐하십니다. 그래서 우리를 부르심에 전혀 후회하심이 없으시고, 우리에게 베푸신 선물들에 대해서도 전혀 후회하지 않으십니다. 그러하신 하나님을, 그리스도 안에서 우리 영은 주 성령과 더불어 '아바 아버지'라고 끊임없이 부르며 갈망하고 있습니다. 바로 이 믿음으로 '누구든지 무엇이든지' 생각하고 말하고 느끼며 선포하는 것은, 그 선포를 따라 주의 역사가 이 땅에 나타납니다.

악마의 세력 아래 있는 세상이 아무리 견고해 보여도 진실은, 십자가에서 이루신 모든 약속들로 인하여 이미 녹아져 버렸다는 것입니다. 그리고 우리가 그 믿음의 실상으로 보이는 세상의 견고한 성을 12번 돌고 있는 벧엘의 삶 가운데 나타내고 있는 것입니다. 그러므로 아버지께서 정하신 그날 일곱 번째 나팔 소리를 들으며, 주의 자녀들이 일제히 외치는 함성만으로도 이 세상 바벨론은 무너져 내립니다.

"무너졌다. 무너졌다. 큰 도시 바벨론이 무너졌다"(요한계시록 14:8, 18:2).

이 길 따라 우리 주 예수님 오시어 영원한 그리스도의 나라 새 하늘과 새 땅에 펼치십니다.

모든 시선을 우리 주 예수님께 드립니다. 들숨에 가슴으로 '그리스도 안에서' 길게 숨 쉬니, 하나님의 생기가 온 우주 사방에서 불어와 아주 오랜 마른 뼈들을 살리심을 의식하게 하십니다. 날숨에 가슴으로 '아버지 사랑으로' 길게 내쉬니, 아버지 사랑이 나와 온 세상에로 퍼져 나감을 느끼며 누리게 하십니다. 그리스도는 만유이십니다. 만유 가운데 충만하십니다. **주님께서 그리스도로 충만한 열방의 교회들을 일으키십니다.**

7주 차 셋째 날 - 아침저녁으로 15분씩 임재 호흡기도

이 땅에 나타나신 하나님 영광 앞에 육신과 그 소유물은 전멸입니다. 하나님께 속하지 않은 것들은 '누구든지 무엇이든지' 전멸*cherem*되어 하나님께 드려지는 제물*cherem*입니다(여호수아 6:17). 예외는 없습니다. 아담과 하와에게 있었던 불순종과 죄는 하나님께 속한 것이 아닙니다. 스스로 시비선악의 주체가 되어 하나님 노릇 하며 사는 것은, 하나님께서 만드신 적도 없고 하나님께 속한 것도 전혀 아닙니다. 그러므로 아담과 하와는 하나님 임재 가득한 그 동산에 존재할 수 없었던 것입니다. 육신은 하나님을 기쁘시게 할 수 없습니다. 말씀이 육신 되신 예수님조차도 우리 육신을 대신하여 하나님 앞에 섰을 때, 버림받을 수밖에 없었습니다.

"엘리 엘리 라마 사박다니 … 나의 하나님 나의 하나님 어찌하여 나를 버리셨나이까"(마가복음 15:34).

바로 그 십자가에서, 우리는 하나님 영광이 어떠한지를 온전히 알 수 있습니다.

우리는 그리스도와 함께 십자가에 못 박혔습니다. 이제는 우리가 사는 것이 아닙니다. 우리 안에 그리스도 사십니다. 이 믿음의 실상이 우리 심중에 새겨져 있습니다. 이 믿음으로 살아가니, 주 성령께서 우리 혼과 몸을 사로잡으시고 기름 부으시며 그 실상을 이 땅에 나타내십니다. 우리 혼은 육신의 소욕에서 벗어나 나비처럼 훨훨 날아 우리 존재 중심 주님 보좌 앞으로 나아갑니다. 주님께서 그리스도 안에 있는 우리 혼으로 하여금 불이 섞인 유리 바닷가 승리한 무리들과 영으로 하나 되어 있는 우리 참자아를 의식하며 찬양하고 경배케 하십니다.

우리 속사람이 날로 새롭고 강건해질수록, 우리 겉사람의 육신의 무게감은 나날이 쇠합니다. 더 이상 보이는 것에 붙잡히지 않습니다. 그것은 풀처럼 꽃처럼 시들고 떨어져 사라질 것들이며, 진리도 실재도 나도 아닙니다. 다만 있는 모습 그대로 수용할 뿐입니다. 판단도 정죄도 없으니, 있는 모습 그대로 온전하고 아름답습니다. 감정과 생각뿐 아니라 신체로도 아무런 조건 없이 내 모습과 형편을 이대로 기뻐하고 감사하는 것입니다.

믿음의 실상을 이렇게 경험하니, 그리스도께서 우리 일상에 나타나심을 우리 생각과 감정과 신체로 증거하게 하십니다. 이전과 같지 않은 생각과 감정과 신체입니다. 주님이 나타나시는 영의 생각입니다. 주님이 나타나시는 영의 감정입니다. 주님이 나타나시는 의의 병기 된 신체입니다. 그리스도 안에 있는 우리는 새로운 몸을 경험하는 영적 존재입니다. 우리가 살고 있는 집은 이미 모든 것이 신성과 원복으로 주어진 벧엘 아버지 집입니다.

7주 차 넷째 날 - 아침저녁으로 15분씩 임재 호흡기도

하나님은 그리스도 안에서 이미 이 땅에 새 창조의 역사를 펼치셨고 펼치고 계십니다. 이것은 전능자의 의지입니다. 우리 안에 계신 우리 주 예수님의 의지입니다. 그리스도의 영 성령께서는 우리 안에서 활동하셔서, 우리로 하여금 하나님을 기쁘게 해 드릴 것을 염원하게 하시고 실천하게 하십니다(빌립보서 2:13). 주 성령께서 우리 안에서 다이너마이트 같은 능력으로 역사하고 계십니다.

그러므로 우리도 우리 속에서 역사하시는 주님의 활력을 따라 수고하고 애쓰며 믿음의 실상을 만드는 것입니다(골로새서 1:29). 이 실상은, 내가 주체가 되어 내가 만들고 내가 책임지는 것이 아닙니다. 실상을 만들고 결과에 책임져야 할 나는 이미 죽었습니다. 우리 안에 계신 그리스도께서 주체 되시어 그분의 영 성령님의 역사 가운데 펼쳐 내시는 하나님 일에, 우리가 참여하여 말씀대로 생각하고 말하고 느끼니 그 실상이 만들어지는 것입니다. 우리는 다만 하나님께서 이루시는 일에 참여하는 특권을 누립니다. 오직 은혜입니다. 오직 믿음으로 오직 말씀대로 말하고 생각하고 주 예수님의 이름으로 선포하니, 주님께서 그 선포를 따라 역사하시며 믿음의 실상을 이 땅에 나타내십니다.

외부에서 내면으로 방향을 전환합니다. 모든 시선을 주 예수님께 드립니다. 들숨에 '그리스도 안에서' 믿음의 실상을 내 존재 깊이까지 받아들입니다. 날숨에 '아버지 사랑으로' 그 실상이 온전히 이루어져 온 우주에 나타남을 의식하며 기뻐하게 하십니다. '누구든지 무엇이든지' 아버지 집에서 이미 주신 이 모든 것들을 누리며 이 땅에 나타내게 하시는 것입니다. 내가 원하는 만큼이 아닙니다. 아버지께서 원하시는 만큼 원하게 하시며, 아버지께서 기뻐 나타내실 때까지 기뻐하며 그 실상을 오직 믿음으로 누리게 하십니다.

아버지께서 허락하신 이 믿음의 실상은 이미 보이지 않는 세계에 존재합니다. 이 세상에서 바라보면 없는 것이지만, 그리스도 안에서 바라보면 이미 존재하는 것입니다. 우리가 믿는 하나님은 "죽은 사람들을 살리시며 없는 것들을 불러내어 있는 것이 되게 하시는 하나님"이십니다(로마서 4:17). 없는 것을 말씀대로 생각하고 말하는 우리의 믿음을 통해, 하나님은 보이지 않는 세계에 이미 있게 하시고 그리고 그것을 또한 하나님 원하시는 때에 보이는 현실 세계로 불러내십니다. 우리는 바로 이 일에 참여하는 특권을 받았습니다. 그리고 '지금 여기에' 부어 주시는 은혜로 말미암아 오직 믿음으로 누립니다.

7주 차 다섯째 날 - 아침저녁으로 15분씩 임재 호흡기도

요단강을 건넜습니다. 오직 은혜로 죽기 전에 죽은 것입니다. 더 이상 집착하지 않습니다. 지금 여기를 회피하며 뭔가를 추구하는 것도 멈추었습니다. 적을 눈앞에 두고도, 이제는 내가 사는 것이 아니요 내 안에 그리스도 사심을 선포했습니다. 오직 하나님께 속한 것입니다. 이전 것은 다 지나갔습니다. 우리 주 예수를 기뻐하며 유월절 잔치도 베풀었습니다. 그리고 영적 대열을 정비하여 견고한 성을 돌았습니다. 다시 오실 주 예수님의 마지막 나팔 소리를 심중에 간직하니 끊임없이 기쁨과 감사가 솟아납니다. 여리고성이 이미 무너졌다는 믿음의 실상이 결국 7일째 일곱 번째 함성 가운데 보이는 현실로 나타났습니다. 그 성의 육체와 육체에 속한 모든 것들을 전멸시켜 하나님께 제물로 드렸습니다. 이 땅에 나타난 하나님 영광입니다. 주님께서 내게 말씀하신 "이스라엘아, 너는 내 종이다. 네가 내 영광을 나타낼 것이다"라는 말씀의 성취입니다(이사야서 49:3).

그런데… 그런데 왜 아이성 첫 번째 전투에서 패배했습니까? 미리 정찰도 했고, 여리고성 함락의 기세로 쉽게 이길 것이라고 예상했음에도 불구하고 믿음의 실상은 현실에서 처절하게 깨졌습니다. 하나님의 전쟁이었고 우리는 그것을 수종 들었는데, '하나님! 이제 어떻게 하면 좋습니까? 적들이 기세가 올라 쳐들어올 것이고 그러면 하나님 명성은 또 어떻게 되겠습니까?' 이것은 믿지 못할 '믿음의 실상'입니까 아니면 처음부터 잘못되어 존재하지 않았던 실상입니까? 하나님께서 허락하신 적이 없는 거짓된 믿음의 실상입니다. 그냥 거짓 자아가 주체가 되어 현실의 흐름과 이전까지의 신앙 경험을 따라 그것을 '믿음의 실상'이라고 스스로를 믿게 하고 실행한 결과입니다. 이러한 거짓된 믿음의 실상을 가지면, 보이는 것에 따라 쉽게 생존 본능의 두려움에 사로잡혀 우왕좌왕하게 됩니다. 육신의 생각에서 비롯된 것이고, 그 열매는 사망입니다.

이스라엘 자손이, 전멸시켜서 주님께 바쳐야 할 물건을 잘못 다루었습니다(여호수아 7:1). 우리 속에 숨어 있는 아간의 죄입니다. 수많은 전리

품 중에서, 아간은 육신의 정욕을 이기지 못하고 그저 아름다운 외투 한 벌과 은과 금덩이 얼마를 취한 것뿐입니다. 그러나 이 문제의 초점은 육신의 형편을 헤아리는 '나'가 아니라 우리를 벧엘에 살게 하시는 '하나님'입니다. 내 생각대로 하나님 말씀을 느끼고 말하는 것이 아니라, 하나님 말씀대로 생각하고 말하고 느끼는 것입니다. 주체가 '나'가 아니라 내 안에 계신 '그리스도'이십니다. 전멸하지 않으면 하나님 임재 가운데 존재하지 못합니다. 내 혼이 몸에서 떠나 그리스도 영 안에 거하지 않으면, 하나님 임재는 없습니다. 그 결과로, 믿음의 실상도 존재하지 않습니다.

그러므로 처음도 외부에서 내면으로 방향전환 하는 회개이며, 마지막도 방향전환인 메타노이아(회개)입니다. 전환하여 존재 중심의 주님께로 나아가면, 주 성령께서 이끄시며 우리 심중을 만지시고 숨어 있는 아간의 죄를 떠오르게 하십니다. 죄로 고백하고 보혈로 씻김 받았음을 선포하며 그 죄에서 떠나 내 안의 주님께로 나아가면, 다시금 믿음의 실상은 만들어집니다.

"아이성으로 쳐올라 가거라. 보아라, 내가 아이의 왕과 백성과 성읍과 땅을 다 네 손에 넘겨주었다"(여호수아 8:1).

'회개-용서-회복' 가운데 믿음의 실상을 갖습니다. 아간의 죄가 떠오르지 않아 모르겠으면, 그냥 그 모습 그대로 요단강으로 가서 죽으면 됩니다. 이것이 우리가 할 전부입니다. 그러면 주님께서 모든 것을 다 가르치시며 공급하시며 믿음의 실상을 갖게 하시며 성취하게 하십니다.

7주 차 여섯째 날 - 아침저녁으로 15분씩 임재 호흡기도

여리고는 벧엘 아버지 집의 뒷모습, 그늘입니다. 여리고는 물이 안 좋아 땅이 열매를 맺지 못하는 곳입니다. 에덴동산에 어슬렁거리던 뱀의 유령이 어른거리는 곳입니다. 전멸되지 않아 하나님께 온전히 드러지지 않는 부분입니다. 엄밀히 말하면, 여리고는 벧엘의 경계 너머에 존재합니다. 탕자 이야기의 첫째 아들은 집에 들어가지 않았습니다.

"큰아들은 화가 나서, 집으로 들어가려고 하지 않았다"(누가복음 15:28).

믿는다 하면서도 여전히 그리스도 밖에서 하나님과 분리되어 자신의 결핍과 부족을 호소하는 자식입니다. 시비선악에 사로잡혀 육신의 생각으로 헤아리고 지체를 정죄하며 자신의 눈에 박힌 들보는 보지 못하는 위선자입니다. **여리고는 은혜를 받은 자가 또다시 자신의 노력으로 하나님을 찾으며 자신의 열매를 맺으려는 삶입니다.** 그 결과는 분명합니다. 그/그녀는 열매를 맺지 못하고 더 깊은 공허 속으로 빠져 버립니다.

문제의 원인이 내 속에 숨어 있는 아간의 죄라면, 외부에서 내면으로 방향을 전환하여 주께로 더 가까이 나아갈 때에, 주님께서 우리 심중을 만지시며 그 죄를 의식 표면으로 떠오르게 하십니다. 그러면 철저히 회개하고 용서하고 회복되면 됩니다. 신실하신 주님은 우리가 멈추고 자기를 포기하고 하나님 임재 가운데로 나아가면, 반드시 만지시고 치유하시며 새롭게 해 주십니다. 그리고 탕자 이야기의 첫째 아들 같은 자세가 문제라면, 이제라도 정신 차려 오만 가지 생각과 감정에 휘둘려 '이것은 싫고 저것은 좋고…' 하며 울고 웃는 허탄한 삶을 털어 버리면 됩니다.

그런데 정말 문제가 되는 것은 그런 종류의 죄와 삶의 방식이 아닐 때입니다. 자식이 아버지를 너무 사랑하여 자신의 모든 것을 쏟아부으며 아버지께로 가까이 나아가나 그 한계에 부딪힐 때입니다. 아버지가 자식에게 아버지의 모든 것들을 다 주시려 하나 서로의 간극으로 인해 그러하지 못할 때입니다. 아버지는 영이신데 자식은 육신을 덧입고 있기에 생겨나는 서로의 틈새입니다. 우리 혼이 영이신 하나님과 연합하려 하기에, 어쩔 수 없이 생겨나는 차이를 극복하려다 보니 발생하는 환란입니다. **조물주가 피조물과 하나 되시려는 의지에서 비롯된 십자가 죽음입니다.**

여리고에서의 삶은 필연적으로 요단강으로 향하게 합니다. 우리의 헌신과 믿음을 받으신 하나님께서 자신의 의지로 이 일을 계획하시고 집행하십니다.

"거룩하신 하나님의 완전한 소원은 한 문장으로 표현될 수 있습니다. **하나님은 당신의 이름을 부르는 모든 피조물에게 당신 자신을 완전히 주시기를 소원하십니다.** 그리고 그분께서는 우리 각자의 능력에 따라 당신 자신을 우리 각자에게 주심으로써 이 일을 하실 것입니다. … **혼과 하나님의 연합은 하나님만이 하시는 일입니다.**"(잔느 귀용,《예수 그리스도를 깊이 체험하기》).

7주 차 일곱째 날 - 아침저녁으로 15분씩 임재 호흡기도

Q: 혼이 육신에서 떠나 영에 속하면 우리 몸은 죽은 것이나 마찬가지인데, 그러면 우린 어떻게 사나요? 그리고 이것은 유체이탈out-of-body experience과는 어느 정도 비슷한 건가요?

A: 우리 혼과는 비교할 수도 없을 만큼 위대하신 분이 우리 몸에 그 혼 대신에 거하십니다. 우리 주 그리스도의 영 성령님이십니다. 성령께서 우리 몸(생각, 감정, 신체)을 집으로 사용하십니다. 동시에 우리 혼은 그리스도 영 안에서 삼층천 하나님 보좌로 나아가 찬양과 경배를 올리고 있는 우리의 진정한 자아를 의식하며 연합하게 하십니다. 우리 영과 하나 되신 주의 영이 우리 혼과 몸을 사로잡으시고 기름 부으시며 우리 생활 가운데 나타나십니다. 그러므로 우리는 오늘이라고 하는 이날, 오직 믿음으로 그리스도를 살며 그리스도를 나타내는 것입니다.

혼이 육신과 분리된다는 면에서는, 우리 혼이 그리스도 영 안에 거한다는 것과 유체이탈은 비슷한 측면이 있습니다. 그러나 그 내용과 동기는 전혀 다른 의미를 갖습니다. 하나님은 바울을 통해 말씀하십니다.
"나는 그리스도를 믿는 사람 하나를 알고 있습니다. 그는 십사 년 전에 셋째 하늘에까지 이끌려 올라갔습니다. 그때에 그가 몸 안에 있었는지 몸 밖에 있었는지, 나는 알지 못하지만, 하나님께서는 아십니다"(고린도후서 12:2).
그 체험의 주체는 내가 아니라 내 안에 계신 그리스도이십니다. 그리고 주도권을 가지고 우리 존재 중심에 계신 주님께로 이끄시는 분은 우리 몸을 성전 삼아 계시는 주 성령님이십니다. 그래서 바울은 그 체험이 일상생활에 연장되어 보이는 대로 살지 않고 믿음으로 살았습니다(고린도후서 5:7). 즉 그의 혼은 하나님과 연합되었고, 하나님은 말씀대로 말하고 생각하는 그의 믿음을 통해 그의 삶에 나타나 다스리시며 하나님 나라를 펼치셨습니다. 혼이 육신과 분리되는 것은,

우리 혼이 하나님과 연합되기 위한 것입니다. 이 연합의 믿음을 통해, 주께서 우리 몸을 만지시고 치유하시며 자신을 나타내십니다. 그리고 마지막 날에 예수님의 영광스러운 몸처럼 되게 하십니다(빌립보서 3:21).

Q: 7주 차 훈련을 마친 시점에 꼭 챙겨야 할 것은 무엇일까요?

A: 신체로 '지금 이 순간 여기'를 자각하는 능력입니다. 주님께서 지난날 억눌렸던 감정들을 지난 7주간 훈련을 통해 많이 만지시고 치유해 주셨습니다. 그래서 불편한 에너지 흐름들이 많이 다스려졌습니다. 믿음의 실상으로 인해 영의 생각을 하고 감정도 다스림을 잘 받고 있으니, 이제 신체로도 하나님 임재를 체험하고 나타내며 내 모습 이대로를 아무런 조건 없이 사랑하는 훈련에 집중해 남은 3주간을 보내면 좋겠습니다. 임재 호흡기도를 통해, 신체로 '지금 이 순간 여기'를 자각하면, 영원히 현존하시는 하나님 생명이 몸에 흐르는 것을 느끼게 됩니다. 한마디로, 그리스도 안에서 새로운 피조물 된 것을 신체로도 실감하는 것입니다. 그러면 감정과 생각과 신체가 하나로 통합되어, 주 성령께서 우리 몸을 만지시고 치유하시며 성전 삼아 계시는 것을 더 잘 알게 됩니다. 이러한 신체 자각능력을 키우기 위해, 땀 흘리고 운동한 후에 바로 샤워하고 임재 호흡기도를 하면 좋습니다. 그리고 온탕에서 10-20분 정도 있다가 나와 바로 임재 호흡기도를 해도 신체로 지금 이 순간을 자각하는 것에 도움이 됩니다.

7주 차 요약
- 참된 믿음의 실상으로 주께 더 가까이 나아가는,
  7주 차 훈련이었습니다.

하나님에게서 비롯된 믿음의 실상은 이미 보이지 않는 세계에 존재하고 있고, 그 실상은 하나님이 원하시는 때에 반드시 이 땅에 나타남을 믿고 확증한 7주 차 훈련이었습니다. 죄악이 무성하고 질병이 가득한 세상이 아무리 견고해 보여도, 사실은 십자가에서 이루신 약속의 성취로 인하여 허물어졌습니다. 그리고 이제 하나님 자녀들이 그 성취를 믿음의 실상으로 간직하여 보이는 대로가 아닌 믿음으로 살아가니, 허물어지고 있던 여리고성처럼 그렇게 가정과 생업과 교회의 어두움이 허물어지고 있습니다. 바로 이 믿음으로 '누구든지 무엇이든지' 생각하고 말하고 느끼고 선포하는 것은, 그 선포를 따라 주의 역사가 이 땅에 나타납니다.

이 땅에 나타나신 하나님 영광 앞에 육신과 그 소유물은 전멸입니다. **전멸하지 않으면, 누구도 하나님 임재 가운데 존재하지 못합니다.** 내 혼이 몸에서 떠나 그리스도 영 안에 거하지 않으면 하나님 임재는 없습니다. 그 결과로 믿음의 실상도 존재하지 않습니다. 아이성 첫 번째 전투에서의 패배는 하나님께서 허락하신 적이 없는 거짓된 믿음의 실상에서 비롯되었습니다. 결코 보이지 않는 세계에 그 실상이 존재한 적이 없었던 것입니다. 그냥 거짓 자아가 주체가 되어 이전까지의 신앙 경험과 현실의 흐름을 따라 그것을 '믿음의 실상'이라고 스스로 믿게 하고 실행한 결과입니다. 육신의 생각에서 비롯된 것이고 그 열매는 사망입니다.

내 속에 숨어 있는 아간의 죄를 처리하고 전멸하였더니, 주님께서 아이

성을 주의 백성들에게 넘겨주었습니다. 그래서 그들이 하나님 말씀대로 생각하고 말하고 느끼며 기도하니 믿음의 실상이 생겨났습니다. 이미 아이성을 정복한 실상이 보이지 않는 세계에 존재하게 된 것입니다. 그 믿음으로 아이성을 공격하였고 승리하였습니다. 믿음의 실상이 그 땅에 나타난 것입니다. 영의 생각에서 비롯된 것이고 그 열매는 생명과 평강입니다.

여리고는 물이 안 좋아 열매를 맺지 못하는 땅입니다. 그 물을 좋게 하는 것은 소금입니다. 소금을 넣었더니 물이 좋아져 그 땅이 열매를 맺습니다. 소금은 자기 부인입니다. 자신의 생각과 감정을 따르지 않습니다. 자신의 생각과 감정으로 빚은 거짓 자아와 그 스토리를 포기합니다. 죽기 전에 죽은 것입니다. 그리고 그러한 모습 그대로 주님을 따릅니다. 외부에서 내면으로 전환하여 성령의 인도를 받습니다. 내 존재 중심에 계신 주께로 더 가까이 나아갑니다. 오직 믿음으로 말씀대로 생각하고 말하고 선포하는 믿음의 실상으로 인해, 주님께로 더 가까이 나아가는 7주 차 훈련이었습니다.

8주 차

여리고에서 요단강으로
– 자아의 소멸과 혼의 부활 여명(黎明)

1. 요단강에서 혼의 전멸annihilation을 경험함이 훈련 목표입니다.

    1) 죽음은 분리입니다. 자기 본성에서 떠나는 것이 죽음입니다.

    2) 혼은 자아(육신의 본성)로부터 분리되면 곧바로 죽습니다.

    3) 혼이 죽으면 거짓 자아도 자연스럽게 소멸됩니다.

2. 열매를 맺지 못하는 땅 여리고는 선악이 아닌 생명의 문제입니다.

    1) 생각과 감정으로 보이는 것을 따라 해결할 선악의 문제가 아닙니다.

    2) 물의 근원에 소금을 뿌린다는 것은 요단강으로 가서 죽는 겁니다.

    3) 거짓 자아가 주체가 되어 악의 결핍과 부족 가운데 선을 추구하며, 이러
    한 선악의 구도 가운데 능력을 발휘하는 혼이 전멸되는 겁니다.

3. 거짓 자아는 존재하지 않는데 주인 행세 하기에 거짓된 것입니다.

    1) 육신의 내가 그리스도와 함께 죽었습니다.

    2) 그러므로 육신의 자아는 더 이상 존재하지 않습니다.

    3) 내가 육신 가운데 있는 것은 믿음으로 존재하기 때문입니다.

    4) 그런데 존재하지 않는 육신의 자아를 육신의 경험에 따라 '나'라고 한다
    면, 그 '나'는 거짓된 것입니다. 거짓 자아입니다.

4. 그러한 거짓 자아를 용인하는 내 혼은 무조건 전멸입니다.

    1) 혼의 파쇄와 전멸을 위해, 하나님은 혼의 어두운 밤을 허락하십니다.

    2) 십자가를 통과하는 혼의 전멸을 통해 부활의 여명이 밝아옵니다.

5. 하나님 주권 가운데 요단강에서 죽은 혼은 하나님과 연합됩니다.

   1) 하나님이 죽은 혼을 다시 살리시어 하나님과 연합되게 하십니다.

   2) 존재 가장 깊은 곳으로부터 의와 희락과 평강이 올라옴을, 감정과 생각
      과 신체가 통합되어 체득하게 하십니다.

8주 차

육신의 생각과 감정과 신체는 나도 진리도 실재도 아닙니다

하나님 임재 연습 가운데 메마름을 겪게 하는 여리고는 양날의 칼입니다. 그 메마름으로 인해 하나님 임재를 피하고 육신으로 살게 되면, 탕자 이야기의 첫째 아들처럼 위선자가 될 수 있습니다. 반면에, 그 메마름 가운데서도 계속해서 하나님 임재 아래 머물면 주님께서 만지시고 치유하시며 심중에 있는 견고한 진, 즉 육신의 속생각을 표면으로 떠오르게 해 주십니다. 그러면 회개하고 용서를 구하고 베풀면 됩니다. 회복되니, 자신의 선악의 잣대에서 비롯된 생각과 감정의 싫고 좋음을 멈춥니다. 선악과에 손을 대지 않고 오직 생명과실을 먹습니다. 삶을 주관하시는 주님께 내 모습 이대로 맡깁니다. 영원히 현존하시는 하나님 생명과 연결되어 '지금 이 순간 여기'를 살게 하십니다. 하나님 나라 천국입니다.

여리고는 선악의 문제가 아닙니다. 생명의 문제입니다. 잘잘못을 따져서 해결될 문제가 아닙니다. 모든 시선을 주님께 드리고 오직 말씀에 복종하는 생명에 초점을 맞춰야 살아나는 땅입니다. 따라서 여리고는 오직 하나님의 주권과 섭리 가운데 자신의 혼이 전멸annihilation되는 요단강으로 연결됩니다.

하나님 임재 연습 10주 70일을 하면서, 우리는 강을 세 번 건넙니다. 홍해, 요단강, 그리고 지금 또다시 요단강을 건넙니다. 하나님께서 부르신 아브라함은 히브리 사람입니다.

"소돔에서 도망쳐 나온 사람 하나가 히브리 사람 아브람에게 와서, 이 사실을 알렸다"(창세기 14:13).

'강을 건너다' 할 때 '건너다'의 구약언어 자음이 '히브리'라는 단어의 자음과 동일합니다. 히브리 사람이라고 부르는 것은, 그가 갈대아 우르에서 유프라테스강을 건너 하나님께서 지시하신 땅으로 온 사람이라는 의미를 담고 있습니다(여호수아 24:2-3). 하나님의 주권과 섭리 가운데 세상 나라에서 하나님 나라로 건너온 자를, 강을 건너온 히브리 사람이라고 합니다.

강을 건널 수 있게 해 주는 다리는 십자가입니다. 홍해는 십자가를 상징합니다. 요단강 또한 십자가를 상징합니다. 그리고 이제 세 번째 건너는 요단강 역시 십자가를 상징합니다. 세 번 만나는 강들은 다 십자가를 상징하지만, 그 여정에 따른 십자가의 깊이와 높이와 넓이는 다 다릅니다. 홍해는 세상에서 광야로 건너오는 것입니다. 첫 번째 요단강은 광야에서 약속의 땅으로 건너오는 것입니다. 그리고 이제 건너는 요단강은 약속의 땅에 있으나 열매를 맺지 못하는 땅 여리고에서 열매를 맺는 약속의 땅 그리스도 안으로 건너는 것입니다.

농부는 포도나무가 열매를 많이 맺도록 가지치기를 합니다. 포도나무에 잘 붙어 열매를 잘 맺는 가지들만 남깁니다. 이제 건너는 요단강은 우리 안에 불필요한 모든 것들을 죽음에 넘기고 오직 농부가 *기뻐하는 것만을 남겨 놓는 '강 건너기'입니다. **거짓된 자아의 철저한 소멸입니다.** 세상에 속한 육신과 육신의 소유물들을 전멸시키는 것입니다. **이 일은 농부**

가 합니다. 그러므로 우리는 우리 안의 예수님과 함께 우리 영을 아버지께 맡기고 마지막 숨을 거둡니다(누가복음 23:46). 이것이 여리고에서 요단강으로 나아가 자아의 소멸과 부활의 여명을 맞이하는 하나님 임재 연습 8주 차입니다.

8주 차 첫째 날 - 아침저녁으로 15분씩 임재 호흡기도

자기 십자가를 진다는 것은 거짓 자아를 포기한다는 뜻입니다. 내가 그리스도와 함께 십자가에 못 박혔습니다. 그러므로 이제는 내가 사는 것이 아닙니다. 내 안에 그리스도께서 사십니다. 내가 이제 육체 가운데 있는 것은 내 안에 사시는 그리스도를 믿은 믿음으로 존재하는 것입니다. 우리 혼이 그리스도 영 안에서 호흡하며 우리 참자아-주의 영과 나의 영이 연합하여 한 영 됨-를 의식합니다. 그러므로 육신에 속한 '나'라는 자아는 존재하지 않습니다.

그러나 그럼에도 불구하고 여전히 보이는 세상에서 육신으로 숨 쉬고 먹고 있다고 그것을 '나'라고 한다면, 그것은 분명 거짓된 것입니다. 존재하지 않는 것을 육신의 경험을 따라 존재한다고 말하니, 거짓 자아입니다. 이러한 거짓 자아는 하나님 임재 아래 존재할 수 없습니다. 혼이 육신과 연합되어 생겨난 거짓 자아는 무조건 하나님 임재 아래서는 전멸됩니다. 거짓 자아로는 그리스도 안-약속의 땅-에서 열매를 맺을 수 없을 뿐만 아니라 존재할 수도 없습니다.

그리스도 영 안에 머물기 위해서는, 거짓 자아로 숨 쉬는 혼은 전멸되어야 합니다. 요단강을 건너 약속의 땅 여리고에 있는 우리는 이미 없음 nothingness입니다. 텅 빔emptiness이며 정지됨stillness입니다. 오직 내 안의 그리스도만이 모든 것 되시며 충만하십니다. 그분의 영이 운행하십니다. 그러므로 주의 영 인도를 따라 다시금 요단강으로 갑니다. 구름 떼와 같이 수많은 예수의 증인들이 먼저 이 길을 걸어갔고 이제 우리를 둘러싸고 승리의 함성을 외치고 계십니다. 믿음의 창시자요 완성자이신 예수를 바라보며 자기 십자가를 짊어집니다. 거짓 자아를 포기합니다(히브리서 12:1-2). 그 결과로, 우리는 불이 섞여 있는 유리 바닷가의 승리한 무리들과 영으로 하나 되어 있는 우리의 참자아와 우리 혼이 연합되어 그리스도를 살며 그리스도를 나타낼 것입니다.

주 성령께서 우리의 연약함을 도와주십니다. 우리는 심중에서 어떻게 기도해야 할지 알지 못하지만, 성령께서 우리 혼과 하나님의 연합을 위해 친히 탄식하며 간구하십니다. 성령님은 오직 하나님의 뜻을 따라서 우리를 대신하여 간구하십니다. 우리 존재 중심에 계신 주 예수님께서 그 기도를 들으시며 아버지께 중보 하십니다. 하나님을 사랑하는 자녀들, 곧 하나님의 뜻대로 부르심을 받은 우리들에게는 예수님의 형상에 일치하도록 모든 것들이 함께 작동되고 있습니다. 하나님의 소원이시며 우리의 믿음의 목표인 하나님과의 연합Union with God을 위해 모든 것들이 함께 역사하고 있습니다(로마서 8:26-29).

8주 차 둘째 날 - 아침저녁으로 15분씩 임재 호흡기도

누구든지 그리스도 안에 있으면 새로운 피조물, 즉 영적 존재입니다.

그러나 이것이 실제적인 경험이 되는 유일한 방법은 거짓 자아의 죽음입니다. 거짓 자아가 주체가 되어 활동하는 모든 것에 대하여 죽음으로써, 하나님의 활동이 그 자리를 대신하게 해야 합니다. 그래서 우리는 심중 다해 목숨 다해 힘과 뜻 다해 여리고에서 요단강으로 나아가 자신을 죽음에 넘기는 것입니다.

거짓 자아의 죽음과 상실이라는 목표를 성취하기 위해서, 하나님은 우리에게 황폐함을 허락하십니다. 외부적으로 메마를 뿐만 아니라 내면에서도 어떤 영적 경험도 못 하고 메말라 버립니다. 벌거벗겨 매달려 계신 주 예수님을 따라 우리의 믿음도 벌거벗겨지고 혼은 쇠약해져 파쇄되며 죽음을 경험합니다. 거짓 자아와 관련된 것들을 다 버릴 수밖에 없는 자리에로 나아와 결국은 죽음에 삼키어지는 것입니다. 죽음은 분리입니다. 하나님과 연합되기 위해 자기 본성을 떠나는 것이 죽음입니다.

그런데 놀라운 것은, 이러한 자아의 죽음 너머에 희미하게 부활의 빛이 비추기 시작합니다. 거짓 자아가 처리되면 될수록, 우리의 속생명은 날로 더 강건해집니다.

"우리의 겉사람은 낡아가나, 우리의 속사람은 날로 새로워집니다"(고린도후서 4:16).

우리가 이렇게 하나님께 정복당할수록, 우리 심령은 더욱 기뻐하고 평강을 누립니다. 세상이 아닌 하나님 안에서의 만족을 느끼는 것입니다. 우리가 그리스도 안으로 들어가기 위해 우리 본성을 온전히 버리는 것입니다. 거짓 자아는 처리되고 우리 혼은 전멸되었으나 오히려 그것으로 인해, 누에가 죽어 고치 안에서 새 생명으로 빚어지듯, 혼의 부활로 인한 하나님과의 연합에로 한 걸음 성큼 다가가는 것입니다.

자아와 혼의 전멸을 통해, 하나님은 우리를 완전히 소유하십니다. 죽은 혼은 하나님과 연합되어 있습니다. **이제 그리스도께서 실제적으로 우리의 주체 되시어** 우리 혼과 몸을 사로잡으시고 다스리십니다. 그러므로 우리는 하나님께서 기뻐하시는 것 외에는 어떤 것도 할 수 없는 자신을 발견하게 됩니다(잔느 귀용, 《Results of Union with GOD》).

8주 차 셋째 날 - 아침저녁으로 15분씩 임재 호흡기도

사무엘의 어머니 한나의 이름 뜻은 '은혜를 입은 자'입니다. 죄성과 원죄가 굴러가고 신성과 원복으로 빚어진 하나님 자녀입니다. 그녀는 그 은혜를 나타내고 싶은데 그렇게 못 하여 쉴 수가 없습니다. 남편은 그녀의 모습 그대로 더욱 사랑하며 품으나, 그녀는 그것으로는 자신의 속 깊은 갈망을 충족시킬 수 없었습니다. 오직 하나님께서 베푸신 그 은혜가 나타나기까지 날마다 하나님 임재의 자리로 나아갑니다. 그녀는 열매 맺지 못하는 땅에 그냥 머물 수는 없었습니다. 억눌린 자신의 영으로 주님의 성전에 나아갑니다. 번제단에서 자신이 그리스도와 함께 십자가에 못 박혔음을 믿음의 실상으로 간직합니다. 영이요 생명이신 말씀으로 몸의 행실을 죽음에 넘기며 정결케 합니다.

주 성령께서 그녀를 성전 안으로 이끄시니, 등잔대에서 주님이 열방의 교회를 보듯 그녀도 그렇게 의식하게 하십니다. 사사시대 말년의 극도로 혼미한 어두움 가운데 주님께서 자신의 몸 된 교회를 일으키시는 것을, 은혜를 입은 자는 믿음으로 품습니다. 떡상에서 내 안의 그리스도는 만유시요 만유 가운데 충만하심을 자신의 존재 중심에까지 채웁니다. 그리고 분향대에서 비통한 자신의 혼을 다 쏟아부으며 기도합니다(사무엘상 1:15). 그것은 자신의 존재 가장 깊은 곳에서 하나님을 향해 타오르는 사랑입니다. 완전히 소멸시키는 거룩한 사랑의 능력에 자아self가 항복함으로, 그 혼은 깨어지고 소멸되어 향기로 주님께 올라갑니다. 하나님 보좌 앞 제단 금 대접에 담기는 기도입니다(요한계시록 5:8).

심중leb, kardia으로 기도하고 입술만 움직이며 소리는 내지 않았기에, 엘리 제사장은 그녀가 술에 취한 줄로 생각했습니다. 그녀의 자아가 죽은 모습입니다. 자아의 소멸 가운데 하나님과 연합된 믿음으로 실상을 간직합니다.

"평안한 마음으로 돌아가시오. 이스라엘의 하나님이, 그대가 간구한 것을 이루어 주실 것이오"(사무엘상 1:17).

한나는 그길로 가서 음식을 먹고 다시는 얼굴에 슬픈 기색을 띠지 않았습니다. 보이는 대로 말하지 않고 오직 믿음으로 생각하고 느끼고 말했습니다. 주님께서 한나를 기억해 주셔서 믿음의 실상을 이 땅에 나타내셨습니다. 그녀는 아이를 낳아 사무엘이라 이름 지었습니다. 그리고 아이의 한평생을 주님께 바칩니다. 주님은 사무엘을 통해 이스라엘 건국의 기초를 놓았습니다.

8주 차 넷째 날 - 아침저녁으로 15분씩 임재 호흡기도

청년 다윗은 사울 왕의 추격을 피하여 벼룩처럼 이리 뛰고 저리 뛰며 십 년 세월을 보냈습니다. 그리고 이제 사울 왕을 죽일 결정적 기회를 두 번째로 맞이합니다. 이 기회를 살리지 못하면 자신과 자신을 따르는 무리는 더 이상 도망갈 곳도 없고 유대 땅에서는 생존할 수도 없습니다. 그러나 그럼에도 불구하고 그는 하나님을 대적할 수 없었기에, 기름 부음 받은 사울을 살려줍니다. 그 결과, 원수의 땅 시글락으로 도피합니다.

그는 가드 왕 아기스를 위해 전쟁을 합니다. 위장전입을 한 그는 자신의 정체를 들키지 않기 위해 남녀를 가리지 않고 다 죽였습니다.

"다윗은 블레셋 사람의 지역에 거주하는 동안, 언제나 이런 식으로 처신하였다"(사무엘상 27:11).

율법에도 어긋난 것이요, 누가 봐도 옳지 않은 생활입니다. 그러나 다윗은 하나님께서 사울을 거두시기까지는 그곳에 그렇게 있어야 했습니다. 생각과 감정에 따라 오락가락하는 옳고 그름의 문제가 아닙니다. 복종과 생명의 문제입니다. 영혼의 어두운 밤입니다.

"나는 내가 하는 일을 도무지 알 수가 없습니다. 내가 해야겠다고 생각하는 일은 하지 않고, 도리어 해서는 안 되겠다고 생각하는 일을 하고 있으니 말입니다"(로마서 7:15).

다윗은 그렇게 1년 4개월간 원수의 땅 시글락에서 생활을 했습니다. 자기의는 산산조각 났습니다. 자신의 생각과 감정으로는 한순간도 숨 쉬며 존재할 수 없는 삶입니다. 시글락에서 육신의 다윗은 이미 죽었습니다. 오직 믿음으로만 존재합니다. 생각 이전에 오직 은혜 가운데 믿음으로만 존재하며 하나님 말씀대로 생각하고 말하고 느끼고 행동합니다. 그것이 전부입니다. 하나님께서 기뻐하시는 것 외에는 어떤 것도 할 수 없다는 것을 깨닫습니다. 그러한 자신을 발견하는 시글락의 삶입니다.

하나님의 주권과 섭리 가운데 사울이 죽었습니다. 하나님의 때입니다.

다윗의 심중에 품었던 믿음의 실상은 이 땅에 나타났습니다. 다윗은 유대의 왕으로 기름 부음을 받습니다. 전능자께서 깊은 강에서 그를 일으키셨습니다. 다윗 안에 계신 그리스도께서 부활하시어 하나님 나라의 왕이 되셨습니다. 7년 뒤, 이스라엘 통일왕국의 왕으로 기름 부음을 받습니다. 그리스도의 나라가 온전히 그 모습을 드러낸 것입니다. 갑절의 능력으로 그리스도를 살며 그리스도를 나타내게 하십니다.

8주 차 다섯째 날 - 아침저녁으로 15분씩 임재 호흡기도

통일왕국의 다윗은 거짓 자아가 소멸되고 자신의 혼이 하나님과 연합된 자입니다. 자신은 죽고 자신 안에 그리스도 사십니다. 하나님 나라 통일왕국의 왕은 다윗 안에 계신 그리스도이십니다.

"그날에 여호와가 예루살렘 주민을 보호하리니 그중에 약한 자가 그날에는 다윗 같겠고 다윗의 족속은 하나님 같고 무리 앞에 있는 여호와의 사자 같을 것이라"(스가랴 12:8).

그날, 즉 십자가에서 성취하신 모든 약속들을 그리스도 안에서 누리게 하는 '지금 이 순간 여기'입니다. 그리스도 안에 있는 자들은 '누구든지' 다윗처럼 강한 자입니다. 아버지 집에서 사는 자녀들은 아버지 같고 그들 앞에 있는 주님의 사자 같습니다. 거짓 자아가 전멸되고 자신의 혼이 하나님과 연합되어 있기 때문입니다. 자신은 죽고 자신 안에 그리스도 사시기 때문입니다.

부활의 주님을 세 번째 만나기 이전의 베드로는 연약한 자입니다. 예수님을 따라 산 3년의 열매가 예수님을 배신한 것입니다. 그는 그 사건으로 인해 영혼의 어두운 밤을 겪습니다. 부활의 주님을 만나고 나서도, 그의 눈앞에 주님이 안 계시니 주신 사명을 감당할 수 없습니다.

"시몬 베드로가 그들에게 말하기를 '나는 고기를 잡으러 가겠소' 하니, 그들이 '우리도 함께 가겠소' 하고 말하였다. 그들은 나가서 배를 탔다. 그러나 그날 밤에는 고기를 한 마리도 잡지 못하였다"(요한복음 21:3).

사람을 낚는 어부가 아닙니다. 그냥 자신들의 필요에 따라 그 배고픔을 해결하기 위한 고기잡이일 뿐입니다. 밤새 한 마리도 잡지 못합니다. 거짓 자아의 죽음과 상실이라는 목표를 성취하기 위해서, 하나님은 베드로에게 황폐함을 허락하신 것입니다. 그는 지극히 연약하다 못해 자아가 파쇄되고 혼이 쇠약해져 죽었습니다.

부활의 승리자 예수님이 그를 부르십니다. 153마리 고기를 낚습니다. 153은 히브리어 '베니 하 엘로힘'의 자음 숫자 값입니다. 뜻은 하나님의 아들들입니다. 사람을 낚는 사명자입니다. 숯불에서 고기를 굽습니다. 지난날 숯불 앞에서 예수님을 세 번 모른다고 말한 베드로의 심중을 만지시며 치유하십니다. 빵도 주시고 구운 생선도 주십니다. 주님의 살과 피를 먹으니, 죽은 혼은 소생되어 주님과 연합됩니다. 베드로의 소생된 혼이 그리스도 안에서 하나님과 연합하여 한 영이 된 것입니다. 더 이상 베드로는 연약한 자가 아닙니다. 다윗처럼 강한 자입니다. 베드로는 죽었고 그리스도가 사십니다.

'네가 나를 조건 없이 사랑하느냐' 주께서 묻습니다. 베드로는 대답합니다. '내가 주를 친구로 사랑합니다.' 필라델피아*philadelphia*는, 필로스(친구 사랑)와 아델포스(형제)를 합성한 단어이며 형제 사랑이란 뜻입니다. 하나님과 연합하여 상속받은 성품인 경건에 형제 사랑을 더한 것입니다.

"내가 너희에게 명한 것을 너희가 행하면, 너희는 나의 친구이다"(요한복음 15:14).

지난 3년간 주님께 배운 모든 것들을, 내 안의 그리스도로 말미암아 다 실행하겠다는 베드로의 결단입니다. 오순절에 성령님이 오셔서 베드로를 교회의 리더로 세우십니다. 베드로 안에 우리 주 예수 그리스도 계시기 때문입니다. 베드로 안에 살아 계신 주님의 영이 복음을 선포하며 나타나자, 그날에 신도의 수가 삼천 명이나 늘어났습니다(사도행전 2:41).

8주 차 여섯째 날 - 아침저녁으로 15분씩 임재 호흡기도

우리 몸은 고통체pain-body입니다. 과거의 모든 일들을 기억의 창고에 가득 쌓아 놓고 삽니다. 생각과 감정은 늘 두려움을 통제하느라 쉴 틈이 없는데, 결국은 두려움의 감옥에 스스로 갇힙니다. 신체 또한 온갖 통증을 통해 '내가 아프다' 말합니다. 잉태하지 못하는 한나도 아픕니다. 벼룩처럼 이리 뛰고 저리 뛰며 도망 다니던 청년 다윗도 아픕니다. 자기 스승을 모른다고 세 번이나 부인했던 베드로도 아픕니다. 다 아픕니다. 고통체인 몸을 나라고 하니, 고통과 괴로움과 불편함은 더욱 가중됩니다. 이렇게 아픈 것을 '나'라고 말하는 거짓 자아는 전멸되어야 합니다.

내가 아프고 고통스럽고 괴롭습니다. 믿음이 아닌 보이는 것을 따라 생각하고 느끼니, 나는 믿음 생활을 해도 여전히 수고하고 무거운 짐을 진 자입니다. 이러한 내가 그리스도와 함께 죽었는데, 죽고 존재하지 않는 '나'가 또다시 육신의 경험과 지식을 통해 등장합니다. 진짜가 아닙니다. 보이는 것에 속아 거짓으로 존재하는 자아입니다. 좀비처럼 죽어도 또

등장하는 거짓 자아는 전멸의 대상입니다.

더 이상 거짓 자아가 주체가 되어 살지 못하게 해야 합니다. ***거짓 자아가 주체가 되어 신앙생활을 하면 하나님과의 분리가 일어납니다.*** 우리 믿음의 목표인 하나님과의 연합과는 전혀 다른 정반대의 삶을 살게 됩니다. 그 결과로 '지금 여기'를 회피합니다. '네가 어디에 있느냐' 말씀하시는 하나님을 피하면서 자신의 욕구 충족을 위해 하나님께 도움을 간구하니 떳떳하지 못합니다. 늘 하나님께 나아가는 것이 두렵고 부담스럽습니다. 믿음의 실상을 만들어도, 그 주체가 거짓 자아이니 거짓된 실상이 만들어져 의심과 집착과 쉬지 못함이 가중됩니다.

우리 몸의 고통체에 갇혀 계신 그리스도는 해방되셔야 합니다. 우리의 영과 주님의 영이 기름 부으심을 따라 이 땅에 나타나야 합니다. 그러나 혼이 몸과 연합하여 육신의 소욕을 따르면, 우리 안에 계신 주님의 기름 부으심은 막힙니다. 혼이 몸과 연합된 육신이 깨어지고 부서지고 그 주체가 되는 거짓 자아가 전멸되어야 합니다.

한나와 청년 다윗과 주님을 부인한 베드로는 여리고에서 요단강으로 온 맘 다해 목숨 다해 힘과 정성 다해 갑니다. 메타노이아, 외부에서 내 존재 중심에 계신 그리스도께로 방향을 전환한 것입니다. 진정한 회개입니다. 한나는 주의 성전에서, 다윗은 시글락에서, 그리고 베드로는 디베랴 바닷가에서 주님이 건네주시는 살과 피를 마시며 집착하고 추구하며 움켜쥔 생각과 감정을 그냥 다 놓아주었습니다. 그것들은 진리도 아니고 나도 아니고 실재하지도 않습니다. 모든 시선을 우리 주님께 드리며 들숨과 날숨 숨결에 주님을 느낍니다.

이것이 거짓 자아가 사라지는 것입니다. 혼이 죽어 하나님과 연합되는 것입니다. 그러면 주께서 그 혼을 소생시키시어 하나님과 하나 되게 하십니다. 옥합이 깨어지니 사방으로 향기가 번져가듯 거짓 자아가 깨어지고 전멸되니, 우리 혼과 연합된 하나님의 영이 우리 생각과 감정과 신체를 통해 사방으로 퍼져 나갑니다. 하나님과 연합된 한나와 다윗과 베드로는 그리스도의 향기입니다.

내 영이 하나님 영과 한 영 되어 있는데, 이제 혼도 하나님과 연합하여 영과 혼이 하나 됩니다. **들숨 날숨 숨결에 주님의 생명이 흐르니, 숨 쉬는 것 자체가 찬양과 경배가 되게 하십니다.** 아버지로부터 너무 멀리 떠나 방황해 왔던 혼이 마침내 원래 창조된 자리, 즉 벧엘 아버지 집으로 돌아온 것입니다. 이것이 우리 안에서 일하시는 하나님의 모든 사역의 목표입니다. **믿음의 목표는 바로 이 혼의 구원인 하나님과의 연합**Union with God**입니다.** 거짓 자아가 전멸된 자, 죽기 전에 죽어 하나님과 연합된 자를 통해, 하나님의 생명과 사랑은 흐릅니다. 그 생명과 사랑에 닿는 모든 것이 살아납니다. 하나님 나라의 통치 방식입니다.

8주 차 일곱째 날 - 아침저녁으로 15분씩 임재 호흡기도

Q: 죽기 전에 죽는다는 것이 참으로 큰 복이네요. 우리 혼이 죽고 소생해 하나님과 연합하여 갑절의 능력으로 새로운 피조물 됨을 실제로 누리며 사니까요! 오직 은혜로 오직 믿음 가운데 말씀대로 생각하고 말하며 생겨난 믿음의 실상을 가지고 사니, 이게 천국이구나 싶어요. 그런데 영과 혼이 어떻게 다른지 명확하게 알고 싶습니다.

A: 하나님은 영이십니다. 하나님은 흙으로 몸을 빚으시고 그 코에 하나님의 살아 있는 숨(네샤마, 영)을 불어넣었습니다. 하나님 영에서 비롯된 숨이 몸에 닿으니 사람의 영이 창조되었습니다(스가랴 12:1). 사람의 영은 하나님과 천사들이 오고 가는 통로입니다. 존재가장 깊은 부분이며 타락 이전에는 하나님 영광을 온전히 담고 있었습니다. 사람은 영의 직관으로 하나님을 보며 교통합니다.

한편, 흙으로 빚은 몸에 하나님의 생기가 닿으니 몸이 살아 움직입니다. 몸이 살아 움직이는 것을 가리켜 살아 있는 혼(네페쉬)이라고 부릅니다. 보통 우리가 '사람'이라고 말할 때 그 사람이 바로 혼인데, 우리 각자의 혼은 자기만의 고유한 캐릭터를 갖고 있습니다. 혼은 의지를 가진 의식체입니다. 타락 이전의 혼은 자신에게 있는 영 안에서 하나님의 영광을 아는 지식의 빛을 의식합니다. 그리고 혼의 의지로 자신의 몸(생각, 감정, 신체)과 창조세계를 다스리며 하나님 영광을 온 세상에 나타냅니다.

그런데 하나님 말씀에 불순종하므로 모든 것들이 혼란으로 떨어졌습니다. 사람의 영에 함께하셨던 하나님 영광은 떠났습니다. 이제 사람의 영은 타락한 혼에 억눌림을 당하며 마귀와 세상 영들이 오고 갈 수 있는 통로가 되어 버렸습니다. 그래서 구약에서 사람의 영을 언급할 때는, 영이 혼미하거나 조급하거나 근심하거나 분노를 했거나 강퍅하거나 영이 상했다고 말합니다(이사야 29:24; 잠언 14:29, 17:22, 29:11; 다니엘 5:20; 이사야 65:14). 또한 주님은 우리가 영에 품은 것이 어떠하고 그 안에서 무엇이 일어나는지 다 아신다고 말씀하십니다(에스겔 20:32, 11:5). 더러운 영들이 하나님 영광이 떠나 제 기능을 발휘하지 못하는 사람의 영을 통해 역사하니, 사람의 영의 상태가 이렇게 변질된 것입니다. 타락한 혼은 그 영광을 의식하지 못하기에 대신 자기 자신을 의식하며 자신의 영광을 추구하는 존재가 되었습니다. 그러한 혼의 배후에는 마귀와 세상 영들이 가득합니다. 타락한 혼, 즉 자연인의 실상입니다. 거듭났어도, 우리 혼이 육신의 소욕을 따를 때 나타나는 모습이기도 합니다.

영이요 생명이신 말씀이 육신이 되시며 반전이 일어납니다. 타락한 혼이 그리스도와 함께 죽었습니다. 그 결과, 죽었던 사람의 영이 살아났고 하나님의 영과 연합하여 한 영이 되었습니다. 사람의 영은 에덴동산에서의 본래 기능을 회복하여 하나님을 직관하며 교통합니다. 그래서 신약에서 사람의 영은 구약과 달리 끊임없이 하나님을 기뻐하고 섬기며 아버지를 부르고 기도하고 찬양하고 축복합니다(누가복음 1:47; 로마서 1:9, 7:6, 8:15; 고린도전서 14:15-16). 에덴동산에서 사람은 생혼a living-soul이었는데, 이제는 생명을 주시는 그리스도의 영과 한 영 되어 이미 온전하고 의롭고 영광스럽습니다. 진정한 나의 모습입니다. 당신은 누구입니까? 나의 나 됨은 하나님 은혜입니다. Who are you? I am what I am by the grace of God. 진정한 나는 영이요 생명이요 말씀입니다.

하나님은 그리스도와 함께 죽은 혼을 그리스도 안에서 하나님을 향해 다시 살리셨습니다. 그리고 하나님 자신과 연합하게 하셨습니다. Union with God. 살아나 하나님과 연합된 혼은 한 영이 되었습니다. 하나님, 부활한 나의 영, 그리고 부활한 나의 혼이 일체가 된 것입니다.

"주와 합하는 자는 한 영이니라"(고린도전서 6:17).

부활한 혼이 진정한 나를 의식하며 의지로 끊임없이 참자아를 선택하게 하십니다. 이제 내가 육체 가운데 있는 것은 내 구주 예수를 사랑하는 믿음 가운데 존재하는 것입니다. 이 믿음 받으시고, 주 성령께서 기름을 부으시며 모든 것을 가르치시고 공급하십니다.

Q: 휴~ 오늘은 답변이 좀 기네요. 그러면 거듭난 새사람에게 있어서의 진정한 나는 혼이 아니라 우리 영이 하나님 영과 연합하여 한 영이 된 것이겠네요. 그리고 성령께서 우리 혼이 그리스도 안에서 그러한 참나를 발견하여 의식하도록 인도하시는 것이고요. 맞나요?

A: 네, 훌륭합니다. 하지만 혼이 하나님과 연합되었다는 전제 아래 말하면, 혼도 영과 연합되어 있으니 '한 영'입니다. 이 맥락에서 말하면, 이분설이냐 삼분설이냐는 별 의미가 없어져요. 새사람 되어 우리 혼이 하나님과 연합되어 있으면, 우리 혼은 죽고 소생하여 하나님과 연합되니, 우리 참자아one spirit와 연합된 것입니다. 시공간을 초월해 존재하니, 연합되었다는 것은 곧 하나 되었다는 뜻이지요. 즉 우리 혼도 한 영 됨과 하나가 된 것입니다. 다른 말로, 이 맥락에서 우리 혼과 영은 한 영으로 존재합니다.

"결국 혼은 하나님과 한 영이 됩니다. 하나님으로부터 그토록 멀리 떠나서 방황해 왔던 혼이 마침내 원래 장소로 돌아오게 되는 것은 바로 여기서입니다"(잔느 귀용, 《예수 그리스도를 깊이 체험하기》).

그래서 '영혼육'이 '영육'으로 표현될 수 있는 것입니다. 이건 별 문제가 안 되고 정말 문제가 되는 것은, 우리 혼이 전멸되지 않아 육신의 그리스도인으로 머물기에, 혼이 하나님과 연합되지 못해 세상 영들의 영향 속에 오락가락하는 겁니다. 오락가락하는 혼을 놔두고, 영과 혼이 같다고 하여 이분설을 주장하거나 다르다며 삼분설을 말하거나 하면, 논점이 흐트러질 수 있어요. 먼저 죽고 나서 그 문제를 다루면, 쉽게 정리가 됩니다.

8주 차 요약
- 거짓 자아와 혼의 죽음을 경험하는, 8주 차 훈련이었습니다.

요단강을 건너 약속의 땅 그리스도 안에 들어간 우리들은 죽기 전에 죽은 자들입니다. 지금 우리가 육체 가운데 있는 것은 우리 안에 사시는 그리스도를 믿는 믿음으로 존재하는 것입니다. 육신에 속한 '나'라는 자아는 존재하지 않습니다. 물론 우리 육체는 여전히 보이는 세상에서 숨 쉬며 먹고 삽니다. 그래서 육체의 경험을 따라 보이는 것에 의존하면 존재하지 않는 자아가 다시금 힘을 발휘하며 세상 방식을 따라 살게 됩니다.

이러한 자아는 거짓입니다. 거짓 자아는 하나님 임재 아래 있지 못합니다. 설혹 약속의 땅에 있다 하더라도 '하나님과 연합'이라는 열매를 맺지 못합니다. 열매를 맺으려면, 물의 근원에 소금을 뿌려야 합니다. 즉 자기를 부인하고 자기 십자가를 짊어져야 합니다. 죽는 겁니다. 요단강에 다시 들어가 십자가를 통과하는 것입니다. 회복된 에덴동산 아버지 집에서 자녀로 사는 것이 실제적인 경험이 될 수 있는 유일한 방법은 거짓 자아의 죽음입니다. 거짓 자아가 주체가 되어 활동하는 외적 활동뿐만 아니라 영적인 영역에서도 메말라 죽어야 합니다. 그래서 하나님은 자신을 하나님께 온전히 드린 자녀들에게 황폐함을 허락하시는 것입니다.

여리고에서의 메마름은, 하나님이 부르서서 하나님을 사랑하는 자들에게는 말할 수 없는 축복입니다. 모든 것들이 합력하여 내 혼이 하나님과 연합하는 이 거룩한 일을 위해 작동되기 때문입니다. 이 메마름으로 인해 나의 주 나의 하나님과 연합되기 때문입니다. 내가 죽고 거짓 자아가 처리되면 될수록, 우리의 속생명은 날로 더 강건해집니다. 주는 흥하고 나는 쇠해야 한다는 세례요한의 고백이 나의 고백이 되는 것입니다. 아니, 쇠할 뿐만 아니라 죽음으로 끝나야 합니다. 그래야 자아의 죽음 너머에 희미하게 비치는 부활의 빛에 의해 소생될 수 있습니다. 죽고 끝나야 부활하여 자신의 새로운 피조물 됨을 실제로 경험하며 살지 않겠습니까?

성전에서 자신의 혼이 완전히 파쇄되어 기도의 향기를 올리던 한나의 길입니다. 시글락에서 자신의 옳음이 산산조각 나다 못해 그냥 죽어 버린 청년 다윗의 길입니다. 베드로는 무슨 낯짝으로 교회의 리더가 되었습니까? 무슨 부귀영화를 얻겠다고 그 자리에 섰겠습니까? 자신이 죽었기 때문입니다. 이 세상 사람이 아니기 때문입니다. 그토록 많은 예수의 사람들을 핍박하고 죽인 바울은 또 어떻습니까? 구름같이 허다한 예수의 증인들의 공통점은, 이제는 거짓 자아의 '나'가 죽고 없다는 것입니다. 예수님뿐입니다. 우리 믿음을 통해 지금 이 순간 여기에 그리스도 살아 계십니다. 우리로 하여금 그리스도를 살며 그리스도를 나타내게 하십니다.

갑절의 능력으로
– 주님과 연합된 혼의 부활 능력으로!

1. 그리스도 안에서 새로운 피조물 됨을 실제로 누리는 것이 훈련 목표입니다.

  1) 이것이 갑절의 부활 능력입니다.

  2) 감정과 생각과 신체가 하나로 통합된 샬롬의 울림 가운데, 자신의 새로운 피조물 됨을, 즉 하나님 자녀임을 몸으로 경험하고 나타냅니다.

  3) 이전까지는 귀로 들었습니다. 그러나 지금은 주님을 눈으로 봅니다.

  4) 자신을 아무런 조건 없이 아가페 사랑으로 대하니, 이웃을 판단하지 않고 정죄하지 않고 그 모습 그대로 받아들입니다.

2. 이것은 혼이 하나님과 연합된 믿음에서 비롯됩니다.

  1) 창조 본연의 자리, 혼이 본래 있어야 할 자리에 비로소 있는 것입니다.

  2) 소생한 혼의 의지는 철저하게 하나님의 의지를 따릅니다.

    하나님 말씀대로 생각하고 말하고 느끼고 선포하며 삽니다.

  3) 주 성령께서 그 믿음을 통해 기름 부으시며 몸을 만지시고 다스리시니, 통합된 우리 몸을 통해 그리스도가 나타나십니다.

3. 엘리야의 일곱 번 기도에 동참하여 이 땅에 비를 가져오며 삽니다.

  1) 그리스도 안에서 펼쳐지는 성령님의 창조 역사에 동참합니다.

  2) 믿고 구한 것마다 이미 받았습니다.

    응답받은 것을 찾아 발견하고 두들겨 열리게 합니다.

  3) 보이지 않는 세계에 있는 믿음의 실상이 이 땅에 이루어집니다.

4. 내게 부족함이 없습니다. I shall not be in want.

   1) 내 모습 이대로 신성과 원복을 누리고 나타내며 삽니다.

   2) 생각을 세상 높은 곳에 두지 않습니다. 서로 같은 생각을 갖고 기뻐하는 사람들과 함께 기뻐하고, 우는 사람들과 함께 웁니다.

9주 차

몸(생각, 감정, 신체)을 통해 부활 능력을 누려라!

"내가 주께 대하여 귀로 듣기만 하였사오나 이제는 눈으로 주를 뵈옵나이다"(욥기 42:5).

내가 그리스도 안에서 새로운 피조물 되어 하나님과 연합되었다는 것을 귀로 듣기만 했습니다. 그러나 이제는 내 영이 주님의 영과 연합하여 한 영 되었음을 의식할 뿐만 아니라 소생한 내 혼이 주님과 연합하였음도 몸으로 알게 하십니다. 이집트에서 광야에서 여리고에서 고통과 괴로움과 불편은 주님께서 보낸 구원의 메신저임을 알아차리게 하실 때마다 강을 건너며 십자가를 통과하게 하셨습니다. 내 모든 생각이 사로잡혀 주 예수님 발 앞에 굴복하게 하셨고, 지난날 억눌렀던 감정들이 다 풀어지게 하셨습니다. 그리고 이제 신체로도 지금 이 순간 여기를 자각하며 하나님 생명의 흐름을 보고 듣고 만지고 먹고 냄새 맡게 하십니다. 생각과 감정과 신체가 의의 병기 되어 하나님 자녀 됨을 누리며 나타내게 하십니다.

더 이상 육신의 경험에서 비롯된 괴롭고 두렵고 고통스러운 생각과 감정을 '나'라고 하지 않습니다. 그 거짓된 자아로 결핍과 부족의 악에서 풍요의 선을 추구하며 무모한 논쟁을 펼치는 욥의 세 친구들과 함께하지 않습니다. 욥기 1-2장에 등장한 사탄이 그 이후에 보이지 않아도, 이제는 믿음으로 그들의 논쟁 배후에 사탄과 세상 영들이 있음을 귀로도 눈으로도 들리고 보이기 때문입니다. 사탄의 세력 아래 있는 세상에서 육신의 생각으로 신앙생활을 하는 것이 얼마나 무익한 것인가를 알게 하셨기 때문입니다.

몸으로 세상을 경험하며 그것을 '나'라고 하지 않습니다. 영과 혼이 아버지 집에서 하나님을 경험하는 것을 '나'라고 말합니다. 몸으로 하나님을 나타내며 그것을 '나'라고 말합니다. 내 안에 계신 그리스도이십니다. 내 영이 그리스도와 한 영 되었습니다. 그리고 이제는 내 혼도 하나님과 연합하여 한 영 되었으니, 몸은 그리스도를 경험하며 그리스도를 나타냅니다. 하나님의 의와 사랑을 나타내는 병기입니다. 내 모습 이대로 아무런 조건 없이 나 자신을 사랑으로 대하니, 이웃을 판단할 필요도 없고 정죄할 이유도 없습니다. 생각을 높은 데 두지 않고 기뻐하는 자들과 함께 기뻐하고 우는 자들과 함께 웁니다.

이제는 십자가를 통과하여 선악이 아닌 생명으로 살게 하십니다. 생각과 감정이 아닌 하나님과 연합된 혼의 의식과 의지로 살게 하십니다. 그리스도를 사는 것입니다. 그리스도가 나타나는 삶입니다. 이것이 갑절의 부활 능력입니다. 말씀은 영이요 생명이요 그리스도이시니, 말씀으로 거듭난 우리는 영이요 생명입니다. 생명의 말씀을 따라 생각하고 말하고 느끼고 선포하니, 우리는 그리스도를 삽니다. 생명의 영이 강물처럼 흘러 닿는 곳마다 살아납니다. 비를 내리게 합니다. 그리스도가 나타나시며 이 땅에 펼쳐지는 하나님 나라 천국입니다. 이 길 따라 우리 주 예수님 다시 오시어 영원한 그리스도의 나라 펼치십니다. 우리는 그 나라에서 영원히 존재하며 하나님 영광을 즐기며 나타냅니다.

9주 차 첫째 날 - 아침저녁으로 15분씩 임재 호흡기도

혼은 자아의식체입니다. 주님의 영과 나의 영이 연합하여 한 영 된 참 자아를 의식하며 의지로 그것을 나타냅니다. 그런데 욥은 그 자리를 벗어나 깨닫지도 못하면서도 스스로 알 수도 없고 헤아리기도 어려운 일들에 대하여, 스스로가 시비선악의 주체가 되어 너무 많은 말을 했습니다. 신체의 통증은 감당할 수 없을 정도로 고통스러웠고 친구들의 찌름은 뼛속 깊은 곳에 닿아 심령이 상했습니다. 한 번만 하나님이 나타나 주시면, 이 모든 고통과 괴로움이 사라질 것 같은데, 그렇게 애타게 주님을 찾아도 뵐 수 없었습니다. 욥에게 있어 한 가지 소원은 나의 주 나의 하나님을 몸소 뵈옵는 것입니다.

"나는 확신한다. 내 구원자가 살아 계신다. 나를 돌보시는 그가 땅 위에 우뚝 서실 날이 반드시 오고야 말 것이다"(욥기 19:25).

욥의 그 한 가지 소원은 이루어졌습니다.

"그때에 주님께서 욥에게 폭풍이 몰아치는 가운데서 대답하셨다"(욥기 38:1).

'전능한 하나님과 다투는 욥아, 네가 나를 꾸짖을 셈이냐?' 꾸중하셔도, 그 책망의 소리는 온유한 목소리로 나를 부르는 것처럼 좋았습니다. 하나님 임재 자리이기 때문입니다. 고통과 괴로움의 한복판에서 그 수많은 소원들이 물거품처럼 사라지고 남은 단 한 가지.

"그것은 한평생 주님의 집에 살면서 주님의 자비로우신 모습을 보는 것과, 성전에서 주님과 의논하면서 살아가는 것입니다"(시편 27:4).

내 혼이 본래 있어야 할 아버지 집에 돌아와 아버지 면전에 머물며 아버지를 몸소 뵈옵고 아버지와 의논하는 그 임재 자리가 지금 이 순간 여기에 펼쳐졌습니다. 그리스도는 만유이십니다. 온 우주만물 가운데 그리스도께서 충만하십니다.

이제 비로소 자신이 그리스도 안에서 새로운 피조물이라는 것을 실감합니다.

"지금까지는 제가 귀로만 들었습니다. 그러나 이제는 제가 제 눈으로 주님을 뵙습니다. 그러므로 저는 제 주장을 거두어들이고, 티끌과 잿더미 위에 앉아서 회개합니다"(욥기 42:5-6).

만 냥 탕감받은 기쁨과 평강이 끊임없이 솟아납니다. 길을 가다가 자신에게 백 데나리온 빚진 데만 사람 엘리바스를 만납니다. 다 없던 걸로 해 줍니다. 그 소식을 듣고 빚진 자 빌닷과 소발도 찾아와 용서를 구하니 그것도 다 없던 걸로 합니다. 결핍과 부족 가운데 풍요의 선을 추구하며 생각과 감정에 이끌려 두려워하며 살던 시절은 다 지나갔습니다. '보십시오. 그리스도 안에서 새로운 피조물 되어 나의 혼이 하나님과 연합되어 있습니다.' 회개하고 용서하고 회복되었습니다.

혼이 본래 있어야 할 자기 자리로 돌아오니, 아버지와 화목하게 되었습니다. 그러니 자연히 이웃과도 화목하게 되었고, 화목의 직책을 감당하며 살게 하십니다. 소문을 듣고 가족과 친구들이 회복된 욥을 찾아와 함께 기뻐하며 먹고 마십니다. 새로운 피조물 됨을 감정과 생각뿐 아니라 신체로도 경험하며 나타내게 하십니다. 아버지는 자녀에게 더 많은 복을 주셨습니다. 처음 재산은 양이 칠천 마리, 낙타가 삼천 마리, 겨릿소가 오백 쌍, 암나귀가 오백 마리였습니다(욥기 1:3). 그런데 욥이 회복된 이후에는, 양을 만 사천 마리, 낙타를 육천 마리, 소를 천 겨리, 나귀를 천 마리나 거느리게 하셨습니다(욥기 42:12). 정확히 갑절의 복을 받아 누리며 나타냅니다. 자녀들도 다 회복되었고, 욥은 이렇게 오래 살다가 영원세계로 들어갔습니다. 이 길 따라 우리 주 예수님 다시 오시어 영원한 그리스도의 나라 새 하늘과 새 땅에 펼치십니다.

9주 차 둘째 날 - 아침저녁으로 15분씩 임재 호흡기도

은혜를 입은 자 한나는 그 은혜를 나타내며 찬양하고 기도합니다.

"내 속사람이 주님을 기뻐합니다. 주님은 은혜 베푸실 자에게 은혜를 베푸시고 긍휼히 여길 자에게 긍휼을 베푸시는 여호와, I AM WHAT I AM이십니다. 나의 강함이 주 여호와로 인하여 기뻐합니다. … 나는 주님의 구원을 기뻐합니다. 주님같이 거룩하신 분은 없습니다. 주님 밖에 다른 이는 없습니다. 우리 하나님 같은 반석은 없습니다"(사무엘상 2:1-2, 개인 번역).

한나는 해마다 남편과 함께 제사를 드리러 성소에 올라가곤 합니다. 그때마다 주님께 드린 아이 사무엘에게 작은 겉옷을 만들어서 가져다주며 주님께서 자신에게 행하신 일을 기억하고 축복했습니다. 원래 그녀는 주님께서 태를 닫아 놓으셨기에, 그녀의 적수인 브닌나의 괴롭힘과 업신여김을 받을 수밖에 없었습니다. 고통과 괴로움은 주님께서 보내신 구원의 메신저입니다. 그녀의 혼은 몹시 비통했습니다. 상한 심령으로 주님께 나아가 자신의 혼을 주님께 다 쏟아 놓았습니다. 그 기도가 하늘에 닿아, 주님께서 닫아 놓았던 태를 열었습니다. 아기를 낳고 사무엘이라고 이름을 지었습니다. 사무엘의 뜻은, '내가 주님께 그를 구했다'입니다. 은혜를 구했고 그 은혜를 나타내었고 평생 그 은혜를 기억하며 살 것입니다.

스스로 시비선악의 주체가 되어 몸으로 세상을 경험하는 것을 '나'라고 한다면, 평생 나실 사람으로 바친 아이의 작은 겉옷을 만들며 이런저런 오만 가지 생각에 빠져 애잔했을 겁니다. 그러나 한나는 은혜를 입은 자요 그 은혜를 나타낸 자입니다. 그녀는 그리스도 안에서 새로운 피조물입니다. 자신의 혼이 있어야 할 자리, 성소의 하나님 임재 가운데 진정으로 자신이 누구인지를 몸소 체험하며 알게 된 하나님 자녀입니다. 자신 안에 계신 그리스도께서 주체 되시며, 이제 몸(생각, 감정, 신체)으로 그리스도를 경험하고 그리스도를 나타내며 지금을 삽니다. 주께서 주신 은혜를 끊임없이 나타내며 사는 자 한나입니다.

내가 하나님께 간구했던 그 아이 사무엘이 성장하니, 이제는 작은 겉옷으로는 안 되겠습니다. 어른 겉옷을 만듭니다. 사무엘이 그 옷을 입고 이스라엘 사람들을 모두 미스바로 모이게 합니다.

"여러분이 온전한 마음으로 주님께 돌아오려거든, 이방의 신들과 아스다롯 여신상들을 없애 버리고, 주님께만 마음을 두고 그분만을 섬기십시오. 그러면 주님께서 여러분을 블레셋 사람의 손에서 건져 주실 것입니다"(사무엘상 7:3).

믿음은 바라는 것들의 실상이며 보지 못하는 것들에 대한 증거입니다. 은혜를 입은 여인 한나는 보이는 대로가 아닌 믿음의 실상으로 살았습니다. 그리고 지금 그 실상이 보이는 세계에 나타나는 것을 '자신이 하나님께 구한 자'를 통해 보고 듣고 만지는 것입니다. 주님께서는 자신과 연합된 자 한나에게 아들 셋과 딸 둘을 더 주셨을 뿐만 아니라 이렇게 하나님 나라가 원수의 압제에서 벗어나 세워지는 것도 보게 하십니다. 한나는 이렇게 주의 말씀대로 생각하고 말하고 느끼고 행동하며 살다가 영원세계로 들어갔습니다. 이 길 따라 우리 주 예수 다시 오시어 영원한 그리스도의 나라 새 하늘과 새 땅에 펼치십니다.

9주 차 셋째 날 - 아침저녁으로 15분씩 임재 호흡기도

다윗의 평생소원은 아버지 집 성전을 짓는 것입니다. 비록 손수 짓지는 못했으나, 성전 터와 거기에 들어갈 모든 재료와 청사진을 준비했습니다. 그리고 이제 나이 많아 늙어 병상에 누웠습니다. 이불을 덮어도 따뜻하지 않습니다. 신하들이 왕에게 말합니다.

"저희가 임금님께 젊은 처녀를 한 사람 데려다가, 임금님 곁에서 시중을 들게 하겠습니다. 처녀를 시중드는 사람으로 삼아 품에 안고 주무시면, 임금님의 몸이 따뜻해질 것입니다"(열왕기상 1:2).

신하들은 대단히 아름다운 처녀 아비삭을 데려와 시중들고 동침하게 하였습니다. 그러나 왕은 왕의 권리를 포기하고 그녀와 동침하지는 않았습니다.

다윗은 이제 그리스도 안에서 새로운 피조물이기 때문입니다. 하나님과 연합된 자입니다. 아름다운 처녀에게서 하나님을 봅니다. 다윗은 자신 안에 살아 계신 그리스도로 인해 그녀의 평생을 통해 나타날 하나님 은혜를 즐기는 자입니다. 이불을 덮어도 냉기가 씻기지 않는 몸은 지나가는 것입니다. 냉기로 인한 괴롭고 고통스러운 생각과 감정들은 이제 더 이상 나도 아니고 진리도 아니고 실재하지도 않습니다. 이제 조금만 지나면 예수님의 영광스러운 몸과 같이 될 것을 기뻐하며 산 소망을 갖습니다.

지난날들이 주마등처럼 지나갑니다. 주의 보혈로 나의 죄를 씻기어 흰 눈보다 희게 하여 주신 주 하나님이십니다. 내 안의 정직한 영을 새롭게 하시어 주의 영과 연합하여 한 영 되게 하셨습니다. 이제 내 혼을 소생시키시어 주님과 연합하여 참자아를 의식하며 주님의 뜻을 실행케 하십니다. 그 은혜 가운데 딸 다말이 배다른 오빠에게 성폭행을 당하여 친오빠 집에 가 있다는 소식을 듣습니다. 그 모습 그대로 아들과 딸을 품습니다. 친오빠 압살롬은 동생을 성폭행한 배다른 형 암논을 죽입니다. 자신이 외도를 하고 상대 배우자를 처리했던 것과 유사하게 자녀 세대에서 성폭행과 살인이 일어난 것입니다. 그 모습도 헤아리지 않습니다. 정죄하지 않습니다. 자신의 세대에서 일어난 죄악을 자녀 세대가 물려받아 다시 행한 것이라고도 생각하지 않습니다. 보십시오. 그리스도 안에서 새로운 피조물입니다. 이전 것들은 다 지나갔습니다. 형을 죽여 복수에 성공한 압살롬이 다윗 왕 자신을 보고 싶어 하니, 그 모습 그대로 받아들입니다. 화목하게 되니, 압살롬의 쿠데타는 일어나지 않습니다.

이렇게 다윗의 지난날들이 기억 가운데 다 바뀌었습니다. 새로운 피조물 되어, 만물을 새롭게 하시는 그리스도께서 다윗의 지난 모든 날들의 주체가 되셨기 때문입니다. **자신이 사는 것이 아니라 그리스도가 사시기에, 이전과 지금과 이후 이 모든 것들이 다 새롭게 되었습니다.** 용서하여 주신 은혜와 새로워진 기억 가운데, 다윗은 이불을 덮어도 몸의 냉기가 가시지 않는 몸을 질그릇으로 하여 주님을 기뻐합니다. 그러한 다윗을 주님도 기뻐합니다. 본래 있어야 할 자리 아버지 집에 거하는 다윗의 혼은 주님과 연합되어 있습니다. 그리스도 안에서 다윗은 새로운 피조물입니다. 그렇게 새로운 기억 가운데 마지막 숨을 내쉬며 숨질 때 하는 말은 이것입니다. "내 구주 예수를 더욱 사랑 더욱 사랑." 이 땅을 떠나니 영원

천국입니다. 이 길 따라 우리 주 예수님 다시 오십니다. 새 하늘과 새 땅에 영원한 그리스도의 나라 펼치십니다. 아멘, 주 예수님! 속히 오소서!

9주 차 넷째 날 - 아침저녁으로 15분씩 임재 호흡기도

성부 성자 성령 삼위일체 하나님 심중에 말씀에 따른 실상이 있었습니다. 그 실상을 따라 '빛이 있으라' 말씀하시니, 보이지 않는 곳에 존재하던 실상이 온 우주에 나타났습니다. 하늘들도 땅도 식물도 동물도 그리고 사람도 다 믿음의 실상을 따라 하나님께서 말씀하시니 이 땅에 나타났습니다. 하늘에서 이루어진 뜻이 이 땅에서도 이루어진 것입니다. 하나님은 손수 만드신 것들을 보시며 '보시기에 참 좋았다' 말씀하십니다. 이 말씀으로 창조세계를 보존하시고 또한 그리스도 안에서 만물을 새롭게 하시고 계십니다(창세기 1:31; 요한계시록 21:5).

엘리야는 본래 자신이 있어야 할 자리 아버지 집에 있습니다. 아버지 집 벧엘은 곧 '그리스도 안에서'입니다. 혼이 하나님과 연합되어 있는 지금 이 순간 여기의 하나님 임재입니다. 하나님 의지를 따라 엘리야의 의지는 작동됩니다. 혼이 본래 있어야 할 자리에서 하나님과 연합되어 존재하기 때문입니다. 이스라엘 나라가 하나님과 세상에 양다리를 걸치고 있으니, 하나님 심정이 비통합니다. 엘리야는 하나님 심정을 따라 비가 오지 않도록 간절히 기도합니다. 삼 년 육 개월 동안이나 땅에 비가 내리지 않으니, 양다리를 걸친 이스라엘은 생계가 막연해 죽을 지경입니다. 엘리야는 그릿 시냇가에서 까마귀가 날라다 주는 양식을 먹으며 지냅니다. 시냇물이 마르니 주님께서 공급처를 바꿔 주십니다. 이번에는 사르

밧 과부의 집입니다. 비가 다시 내릴 때까지 그 집에 밀가루가 떨어지지
않게 하십니다.

삼 년이 지나자 주님께서 엘리야에게 말씀하십니다.
"가서, 아합을 만나거라. 내가 땅 위에 비를 내리겠다"(열왕기상 18:1).
하나님과 연합된 엘리야는 하나님 말씀대로 생각하고 말하고 느끼고
실행합니다. 하나님께서 갈멜산 제단에 자신의 영광을 나타내자, 엘리야
는 세상 신 바알과 아세라의 제사장들 850명을 처단합니다. 세상 영들과
그들을 추종하는 자들을 다 제거하니 빗소리가 크게 들립니다. 믿음의
실상입니다. 주의 말씀 따라 일곱 번 기도합니다. 믿음의 실상은 일곱 번
째 하나님의 때에 이 땅에 나타납니다.
"하늘은 짙은 구름으로 캄캄해지고, 바람이 일더니, 곧 큰 비가 퍼붓기
시작하였다"(열왕기상 18:45).

하나님과 연합된 자 엘리야는 그리스도 안에서 펼쳐지는 성령님의 창
조 역사에 동참한 하나님의 동역자입니다. 하나님과 연합된 새로운 피조
물이 간절히 비는 기도는 큰 효력을 냅니다(야고보서 5:16). 혼이 본래 있
어야 할 자리, 즉 하나님과 연합되어 있으면 누구든지 무엇이든지 간구하
는 대로 이미 보이지 않는 세계에 그 실상이 생겨나 존재합니다. 그 믿음
의 실상 가운데 하나님을 기뻐하며 살아가면, 주님께서 주님의 때에 그
실상을 이 땅에 나타내십니다. 일곱 번 기도하며 찾고 두드리니 발견되
고 열립니다. 큰 비가 퍼붓습니다.

엘리야가 회오리바람에 실려 하늘로 올라갑니다. 이것을 바라보던 엘
리사의 시선은 믿음의 창시자이시며 완성자이신 우리 주 예수 그리스도

께로 옮겨집니다. 자신이 그리스도와 함께 죽고 이제는 자신 안에 그리스도 사십니다. 그의 혼이 그리스도 안에서 하나님과 연합되니, 엘리야에게 임했던 하나님의 능력이 갑절이나 그에게 임합니다. 우리도 그들과 같은 성정을 가진 자들입니다. 우리 혼이 본래 있어야 할 자리로 돌아와 하나님과 연합하니, 주님께서 우리 믿음을 통해 기름을 부으시며 만지시고 치유하십니다. 새롭게 하시어 새로운 피조물임을 실감하게 하시며 성령님의 창조 역사에 동참하게 하십니다. 하나님과 연합된 우리는 그분의 동역자입니다. 새 역사에 동참한 우리를 길 삼아 주 예수 그리스도 이 땅에 다시 오십니다. 새 하늘과 새 땅을 펼치시며 영원한 그리스도의 나라에서 영원하도록 존재하게 하십니다. 아멘, 주 예수님! 속히 오소서!

9주 차 다섯째 날 - 아침저녁으로 15분씩 임재 호흡기도

우리 혼이 본래 있어야 할 자리로 돌아와 하나님과 연합하여 있는 것이 어떠한가에 대한 완벽한 모델은 말씀이 육신 되신 우리 주 예수 그리스도 이십니다. 지금 우리 안에 살아 계십니다. 하나님은 자기 아들의 형상과 같은 모습이 되도록, 우리를 세상 창조 전에 그리스도 안에서 택하시고 미리 정하셨고 그리고 이제 부르셨습니다. 하나님을 사랑하는 우리들에게는 바로 이 '선'을 이루기 위해 모든 것들이 함께 작동되고 있습니다(로마서 8:28-29; 에베소서 1:4). 이 선은 예수님의 이미지와 같은 모습이 되는 것입니다. 다른 말로 하면, 우리 혼이 그리스도 안에서 하나님과 연합하는 것입니다.

우리가 예수님을 닮는 것이 아닙니다. 이렇게 말하면, 주체가 누구인지

모호해집니다. 육신의 나, 즉 거짓 자아는 목이 곧고 패역한 자입니다. 하나님은 이러한 우리를 너무나 잘 알고 계십니다. 금송아지 사건 때나 가나안 정탐 때의 10명의 보고자와 그들과 합세한 자들 그리고 구약 전체 역사를 통해, 하나님은 우리를 뼛속까지 너무나 잘 알고 계십니다. 주체가 바뀌지 않는 한, 절대로 이러한 육신은 예수님을 닮아 예수님처럼 될 수 없습니다. 이러한 내가 그리스도와 함께 죽고 이제는 내가 아닌 내 안에 그리스도께서 사시기 때문에, 우리는 육신 가운데 있으면서도 오직 믿음으로 오직 말씀대로 생각하고 말하며 예수님과 같은 모습으로 존재할 수 있습니다.

이러한 우리를 자녀 삼으시려고 말씀이 육신 되어 대신 죽으셨습니다. 그리고 이 십자가 죽음을 통과하는 자들을, 즉 죽기 전에 죽어 혼이 본래 있어야 할 아버지 집에서 하나님과 연합한 자들을, 하나님 친아들 예수처럼 빚으십니다. 닮는 것이 아닙니다. 우리 혼이 십자가 죽음에 동참하는 것입니다. 그 결과, 우리 혼이 하나님과 연합되어 소생함으로 예수님 형상과 같은 모습이 됩니다. 로마서 8장 29절의 '같은 모습이 된다'는 원어로 *summorphos*입니다. 동일한 단어를 빌립보서 3장 21절에서 사용합니다. "자기의 영광스러운 몸과 '같은 모습이' 되게 하실 것입니다." 지금 이 땅에서는 거듭나는 순간 우리 영이 그리스도의 영과 연합하여 한 영이 됩니다. 그리고 자신을 부인하고 자기 십자가를 짊어지고 예수님을 따르며 십자가 죽음에 동참할 때, 그때 비로소 우리 혼은 하나님과 연합합니다.

혼이 죽지 않으면 하나님과 연합은 없습니다. 육신은 절대로 하나님과 연합될 수 없습니다. 외부에서 내면으로 방향을 전환하는 것 자체가 죽은 것입니다. 보이는 세상 나라에서 보이지 않는 영의 나라로 생각의 차원을 달리하는 것 자체가 회개이며 죽는 것입니다. 내 혼이 그리스도 안에 있다는 것 자체가 이미 내 혼이 십자가 죽음에 동참했다는 것입니다. 하나님 임재 연습을 하며 지금 이 순간 여기에 하나님 생명과 연결되어 하나님 생명을 호흡하고 있다는 것 자체가 곧 내 혼이 죽었다는 것입니다. 십자가에서 죽은 혼은 하나님과 연합되어 있습니다. 하나님은 그 혼을 소생시켜 그리스도를 살며 그리스도를 나타내게 하십니다. 그리고 주 예수님 재림하실 때에, 우리 비천한 몸(생각, 감정, 신체)도 주 예수님의 영광스러운 몸과 같은 몸이 되게 하실 것입니다. 이 길 따라 우리 주 예수님 지금 오고 계십니다. 속히 오시어 새 하늘과 새 땅에 영원한 그리스도의 나라 펼치십니다. 아멘, 마라나타.

9주 차 여섯째 날 - 아침저녁으로 15분씩 임재 호흡기도

그리스도 안에서 새로운 피조물 된 자들에게는 사역의 비밀이 있습니다. 그것은 언제나 예수님의 십자가 죽음을 자신의 몸에 짊어지는 것입니다. 그러면 그 결과로, 예수님의 생명 또한 주님께서 원하시는 때에 우리 몸 안에 나타나기 때문입니다. 그래서 하나님과 연합된 사역자들은 항상 예수님을 위해 자신을 죽음에 내맡깁니다. 그래야 예수님의 생명이 사망에로 운명 지어진 우리 육신에 나타날 것이기 때문입니다. 사망은 사역자들에게서 작용하나, 하나님 생명은 자신의 혼이 본래 있어야 할 자리로 돌아오는 자들에게서 역사합니다(고린도후서 4:10-12).

혼의 구원, 우리 혼이 본래의 자리로 돌아와 하나님과 연합됨이 이 모든 것의 알파요 오메가입니다. 아버지 집에 돌아와 안식하는 자를 통하여, 성령님은 방황하는 집 나간 자식과 돌아오고 있는 자식들의 길을 이끄십니다. 우리가 하나님 성품을 실제로 누리며 나타내면 낼수록, 다르게 말해 우리가 그리스도를 살며 그리스도를 나타내면 낼수록, 예수님 얼굴에 있던 하나님의 영광을 아는 생명의 빛이 그들의 어두운 길을 비춰주게 됩니다. 높은 데 생각을 두지 않고, 웃는 자와 더불어 함께 웃고 우는 자와 더불어 함께 우는 주의 몸을 통해 생명수는 그들에게 흘러갑니다. 이 세상에 보잘것없는 사람은 없습니다. 언젠가는 그들도 우리의 찬양과 경배의 대상이신 예수님의 몸이 될 수 있기에, 스쳐 지나가는 한 사람 한 사람을 경이롭게 바라봅니다. 우리는 그날, 영원한 그리스도의 나라에서 서로를 하나님 보듯 그렇게 볼 것입니다.

하나님은 더 이상 잃을 것이 없는 자들을 사용하십니다. 하나님은 더이상 자신에 대해 염려할 것이 없는 자들을 예수님의 제자라고 부릅니다. 복음과 하나님 나라와 주 예수님을 위해서 가족과 소유와 자기 자신을 버린 자, 그래서 자신에 대해 염려할 것도 없고 더 이상 잃을 것도 없는 자들과 하나님은 연합되어 있습니다. 그들의 의지는 하나님 의지와 일치합니다. 자신의 뜻이 아닌 하나님의 뜻이 이 땅에 이루어지는 것을 기뻐합니다. 왜냐하면 오직 하나, 하나님을 기뻐함이 자신의 전부이기 때문입니다.

집에 돌아와 하나님과 연합되어 있는 자녀들에게는 운명처럼 정해진 길이 있습니다. 이기적으로 자신만의 유익을 구하며 살면 답답하고 공허해져 살 수가 없습니다. 하나님의 의지를 실행하고 남의 유익을 구해야 만족할 수 있습니다. 세상 나라에서 하나님 나라로 건너왔기 때문입니다. 하나님은 얽히고설킨 길에 들어서 방황하는 자녀들과 소외되어 지극히 작은 자 된 자들을 돕기 원하십니다. 아버지의 그 마음을 알기에, 외면하고는 살 수가 없습니다. 하나님 필요를 따라 자신과 교회를 주님께 드립니다. 예수님 손에 들려 있는 오병이어입니다. 축사를 마치셨습니다. 이제 가서 생명을 나누라 하십니다. 다 나누고 부스러기를 모으니 12 광주리입니다. 또다시 나누라 하십니다. 온전합니다. 마르지 않습니다. 영원합니다. 이 길 따라 우리 주 예수님 오시어 영원한 그리스도의 나라 새 하늘과 새 땅에 펼치십니다. 마라나타.

9주 차 일곱째 날 - 아침저녁으로 15분씩 임재 호흡기도

Q: 경건/영성에 단계와 레벨이 있나요? 태권도에서는 흰띠, 파란띠, 빨간띠, 검은띠가 수련의 정도, 즉 그 사람의 실력(레벨)을 상징적으로 보여 주잖아요. 그것처럼 경건/영성도 단계나 레벨이 있는가 해서요.

A: 아니요. 그리스도 안에서 새로운 피조물 된 우리들에게는 오직 그리스도만이 모든 것이십니다(골로새서 3:11). 그러므로 그리스도 안에서 단계/레벨을 언급할 수 없습니다. 이것은 하나님께서 우리를 그리스도 안으로 부르실 때에 작정하신 것입니다. 예수님은 이것을 비유로 설명하셨습니다. 즉 포도원 주인이 일꾼들과 계약을 맺을 때 하루 일당을 한 데나리온씩 주기로 합의를 했으니, 아침부터 일한 사람이나 점심때부터 일한 사람이나 일과가 끝나기 한 시간 전부터 일한 사람이나 다 같은 품삯을 받습니다(마태복음 20:1-15).

경건/영성은, 단계나 레벨이 아니라, 하나님과의 관계가 어떠한가에 초점을 맞춥니다. 하나님은 불순종한 아담에게 찾아와 부르십니다. "네가 어디에 있느냐?"(창세기 3:9). 너 지금 어떤 레벨에 있느냐 묻지 않으셨습니다. 네가 지금 나와 어떤 관계에 있느냐는 질문이었습니다. 지금 이 순간 여기에 영원히 현존하시는 하나님 생명과 연결되어 숨 쉬고 있느냐, 아니면 너 스스로 시비선악의 주체가 되어 너의 생각과 감정의 싫고 좋음으로 살고 있느냐 물으셨습니다. '내가 지금 그리스도 안에 있는가 아니면 그리스도 밖에 있는가' 이 것이 경건/영성의 시금석입니다.

Q: 그러면 하나님이 엘리야를 통해 엘리사에게 갑절의 능력을 베푸실 때, 길갈-벧엘-여리고-요단강으로 이끄신 것은 단계나 레벨이 아니라 단지 영적 여정으로 보면 되겠네요? 그리고 "믿음에 덕을, 덕에 지식을, 지식에 절제를, 절제에 인내를, 인내에 경건을, 경건에 형제 우애를, 형제 우애에 사랑을 더하라"(베드로후서 1:5-7)라는 말씀도, 7단계 레벨로 보는 것이 아니라 그리스도 안에서 동시적으로 경험되는 연속된 하나의 체인으로 보면 되나요?

A: 네. 단계나 레벨이 아니라 단지 영적 여정일 뿐입니다. 길갈-벧엘-여리고-요단강, 네 여정지의 공통점은 '약속의 땅'에 있다는 것입니다. 광야가 아닙니다. 그리스도 안입니다. 엘리야가 그 여정에서 엘리사에게 계속 말하는 것은 '너는 여기에 남아 있어라'입니다. 집착하지 말고 추구하지도 말라는 뜻입니다. 그냥 지금 이 순간 여기에 영원히 현존하시는 하나님 생명과 연결되어 내 모습 이대로 순간순간을 살면 된다는 뜻입니다. 왜냐하면 어떤 여정지에 머물든 다 그리스도 안이기 때문입니다. 심지어 열매를 맺지 못하는 여리고에 있다 하더

라도, 그 메마름으로 인하여 오히려 더욱 강건하게 오직 주님만 바라볼 수 있는 것입니다. 주님 편에서는, 그 메마름을 통해 주님께서 원하시는 대로 빚으실 수 있는 절호의 기회를 가지시는 겁니다.

이 여정을 통해 그리스도 안에서 하나님을 기뻐하며 누리는 정도가 각자 다 다른 것뿐입니다. 각자 달라도 차별이 없는 것은 그리스도 영 안에 있기 때문입니다. 그리스도 밖에서 육신의 자아가 주체가 되면, 이것들은 다 단계나 레벨이 되고 수련의 정도에 따라 흰띠, 빨간띠, 검은띠 등으로 구별이 됩니다. 그리고 거짓 자아가 주체가 되어 경험되는 이해에 따른 생각과 감정의 표현들이 중요해집니다. 하지만 이러한 내가 그리스도와 함께 십자가에 못 박혔습니다. 죽기 전에 죽었습니다. 생각과 감정과 신체는 진리도 아니고 실재도 나도 아닙니다. 집착도 추구도 사라지고 '지금 이 순간 여기'뿐입니다. 중요한 것은 외부에서 내면으로 전환하는 진정한 회개입니다. 지금 이 순간 내가 어디에 있는가라는 질문조차도 멈춰지고 외부에서 내면으로 전환되어 거룩한 영의 이끄심을 받아 그리스도 안에 거하면 됩니다.

이것이 전부입니다. 어떤 여정에 있든지 '그리스도 안에서 주님과 함께하고 있다면' 그곳이 최고봉이며 내 혼이 주님과 연합되어 생명과실을 먹고 지내는 에덴동산입니다. 그런데 다른 여정과 달리, 여리고에서 요단강을 건너 주님과 함께하는 여정에서는 부활한 혼이 하나님과 연합되어 있음을 온몸으로 체득합니다. 이 연합에서 비롯된 하나님을 즐거워하는 영적 감각은 육체의 소욕과는 비교할 수 없을 정도로 큰 기쁨과 평강을 '항상' 줍니다. 우리는 이 여정에서 믿음의 목표인 혼의 구원의 완성을 얻게 됩니다. 우리가 하나님과 연합하여 갑절의 능력으로 '지금 이 순간 여기를' 날마다 순간마다 사는 겁니다.

9주 차 요약
- 새로운 피조물 됨을 실제로 누리는, 9주 차 훈련이었습니다.

"주님은 주님 자신을 위해 우리를 지으셨습니다. 주님 안에서 안식을 발견하기까지 우리 마음은 쉼을 얻지 못합니다. … 내 혼이 쉴 곳은 오직 주님 품 안입니다"(아우구스티누스,《고백록》).

우리 혼이 본래 있어야 할 곳으로 돌아와서야 비로소, 우리는 자신이 그리스도 안에서 새로운 피조물이라는 것을 실감합니다. 우리 영이 주님의 영과 연합하여 한 영 되어 있는 존재 중심, 하나님 보좌에로 나아가서야 비로소 우리 혼은 참된 쉼을 누립니다. 강을 건너며 우리 혼은 죽었습니다. 죽어서야 비로소 하나님과 연합되었습니다. 생명 그 자체이신 하나님과 연합되니 죽은 혼이 소생됩니다. 소생하여 하나님과 연합되어 있는 우리 혼은 영입니다. 하나님, 한 영, 그리고 연합된 혼이 일체가 됩니다. 아버지 집에서 소생한 우리 혼은 주와 합한 한 영 되어 쉼을 누립니다. 탕자가 집에 돌아오니 그리스도 안에서 새로운 피조물이 된 것입니다.

욥은 자신의 혼이 본래 있어야 할 하나님 면전에 자리를 얻으니 자기주장을 거둬들입니다. 티끌과 잿더미 위에 앉아서 회개하고 용서를 구합니다. 회복되니, 이제야 비로소 귀로만 듣던 하나님을 눈으로 봅니다. 새로운 피조물 됨을 실감하며 화해의 직책을 감당합니다. 한나는 자신의 혼이 본래 있어야 할 성소의 하나님 임재 자리에서 비로소 쉼을 얻습니다. 진정한 자신이 누구인지를 몸소 체험한 것입니다. 나는 하나님 은혜를 입은 자로서 그 은혜를 나타내는 자입니다. 그 은혜가 나타나기까지 쉼을 얻지 못합니다. 다윗은 왕의 권리를 포기합니다. 자신이 아닌 하나님이 왕이시기 때문입니다. 한 소녀 안에 계신 하나님을 봅니다. 다윗 안에 계신 그리스도로 말미암아 처녀 아비삭의 평생을 통해 나타나는 그 은혜를 즐깁니다. 용서받은 사랑의 기억만이 남아있습니다. 그리스도 안에서 사랑의 메모리가 지난 일들을 새롭게 창조하니, 다윗에게는 오직 은혜만이 남습니다. 아버지 집에 거하는 엘리야는 성령님 창조 역사에 동참한 하나님의 동역자입니다. 믿음의 실상으로 일곱 번 기도하여 하나님의 뜻이 이 땅에 이루어지게 합니다.

이것이 갑절의 부활 능력입니다. 더 이상 몸으로 세상을 경험하는 것을 '나'라고 하지 않습니다. 오직 하나님을 기뻐합니다. 그리스도 안에서 새로운 피조물 된 우리는 몸(생각, 감정, 신체)으로 하나님을 경험하고 나타냅니다. 우리 혼이 본래 있어야 할 곳으로 돌아와 하나님과 연합되었기 때문입니다. 이제 예수님의 십자가 죽음을 몸에 짊어진 우리는 그리스도 안에서 주님과 연합된 영입니다. 생명입니다. 말씀입니다. 십자가 강을 건너며 더 이상 잃을 것이 없는 우리들입니다. 더 이상 자신에 대해 염려할 것도 없습니다. 예수님 손에 올려져 있는 우리는 오병이어입니다. 우리의 주체 되시는 주 예수 그리스도께서 '가서 나눠라' 하십니다. 그리스도를 살게 하십니다. 그리고 오병이어 된 우리를 통해 그리스도 자신을 나타내십니다. 이 땅에 펼쳐지는 그리스도의 나라입니다. 이 길 따라 우리 주 예수님 다시 오십니다.

절대 안식 – 어린양 혼인 잔치를
믿음의 실상으로 간직한 지금 이 순간!

1. 어린양 혼인 잔치를 믿음의 실상으로 간직하여 절대 안식함이 목표입니다.

   1) 우리는 이미 예수님과 영으로 하나 되어 있습니다.

   2) 우리 혼이 아버지 집에 돌아왔으니, 이제는 우리 혼이 예수님과 하나 되었습니다.

   3) 예수님 재림하시면, 몸(생각, 감정, 신체)도 예수님과 하나 됩니다.

2. 지금 이 순간 여기에 영원히 현존하시는 하나님 생명과 연결되어 있습니다.

   1) 알파와 오메가이신 그리스도는 결과 가운데 새 역사를 펼치십니다.

   2) 우리의 영과 혼이 그리스도의 영과 연합하여 '한 영'입니다.

   3) 불이 섞인 유리 바닷가 승리한 무리들과 함께하며, 하나님 보좌 앞에서 끊임없이 경배와 찬양을 올립니다.

   4) 말씀대로 생각하고 말하고 느끼며 행동하니, 우리가 어린양 혼인 잔치에 있음을 믿음의 실상으로 갖습니다.

   5) 어린양 혼인 잔치에서 새 포도주 잔과 잔이 부딪히니, 우리는 잔이 부딪히는 소리를 들으며 신랑을 기뻐하는 자들입니다.

3. 그 실상을 간직한 이 땅의 우리는 미래/결과에서 온 자들입니다.

   1) 오메가 포인트에서 비롯되어 '지금 이 순간 여기'에 존재합니다. 즉, 그리스도를 살며 그리스도께서 나타나시는 '지금 이 순간 여기'입니다.

   2) 몸으로 여리고를 도는 우리의 일상에 주님이 함께하시기에, 우리는 기도하며 사회에 참여하여 화해의 직분 사명을 감당합니다.

4. 이 길 따라 우리 주 예수 그리스도 오시어 영원한 나라 펼치십니다.

    1) 우리 몸(생각, 감정, 신체)이 예수님의 영광스러운 몸과 같게 변화됩니다.

    2) 왕 같은 제사장들의 영원한 통치가 새 하늘 새 땅에 펼쳐집니다.

5. "내가 속히 가리라!" "아멘. 주 예수님, 속히 오소서!"

10주 차

지금 이 순간 여기서 새 하늘과 새 땅을 믿음의 실상으로 간직하고 사는 삶

　아버지께서 죽었다가 살아나 새로운 피조물 된 자식을 결혼시키는 것이 성경 66권의 핵심 내용입니다. 우리 혼이 본래 있어야 할 자리로 돌아와 아버지 품에 안기니, 비로소 참된 쉼을 얻습니다. 아버지께서 '너는 내가 기뻐하는 나의 자녀' 말씀하시며 잔치를 베푸십니다. 우리 혼이 하나님과 연합된 것입니다. 이제는 예수님 다시 오셔서 우리 몸만 예수님의 몸처럼 신령하게 변화되면, 그때 아버지의 소원은 완전히 성취될 것입니다. 아버지의 거룩한 사랑이 한 몸 이룬 신랑과 신부의 가슴에서 영원토록 고동치며 영광의 빛으로 퍼져 나갈 것입니다.

　"기뻐하고 즐거워하며, 하나님께 영광을 돌리자. 어린양의 혼인날이 이르렀다. 그의 신부는 단장을 끝냈다. 신부에게 빛나고 깨끗한 모시옷을 입게 하셨다. 이 모시옷은 성도들의 의로운 행위다"(요한계시록 19:7-8).

　하나님과 연합되어 그리스도의 몸이 된 우리들은 그리스도의 여자입니다. 어린양 혼인 잔치는 신부가 된 우리들의 오메가 포인트입니다. 하나님 임재 연습을 하며 지금 이 순간 여기 내 모습 이대로 영원히 현존하시는 하나님 생명 안으로 들어갑니다. 어제와 오늘과 내일이 언제나 동일하신 하나님 안에서 숨 쉬게 하십니다. 들숨에 '그리스도 안에서' 날숨에 '아버지 사랑으로' 숨결에 믿음의 실상으로 간직된 어린양 혼인 잔치에서 신부의 자리에 있는 우리 모습을 발견하게 하십니다. 신랑 예수님 옆자리입니다. 오직 믿음으로 말씀대로 생각하고 말하고 느끼며 행동한 것들로 만들어진 빛나고 깨끗한 웨딩 드레스를 입혀 주십니다. 그 옷은 예수님과 같은 모습으로 영광스럽게 변화된 우리의 신령한 몸입니다. 또한 말씀대로 말하고 선포한 것들을 모아 새 포도주를 만들어 신부의 잔이 넘치게 하십니다. 신랑의 잔과 신부의 잔이 부딪히며 서로를 기뻐합니다. 이것은 하나님 임재 연습을 하는 우리 가슴을 뛰게 하는 믿음의 실상입니다. 절대 안식입니다.

그 실상을 간직하며 이 땅을 밟고 있는 우리는 몸(생각, 감정, 신체)으로 그리스도를 나타내며 새로운 육체를 경험하는 그리스도의 여자입니다. 미래(결과)로부터 보냄을 받은 영적 존재입니다. 죄와 사망과 음부와 불순종의 세력들이 영원한 불못으로 떨어지고 새로워진 새 하늘과 새 땅에서 펼쳐진 어린양 혼인 잔치를, 오직 은혜 가운데 믿음으로 누리며 지금 이 순간의 나를 보게 하십니다. 지금 땅을 밟고 있는 여기에서 일어나는 모든 것들이 다 함께 이미 실상reality으로 존재하는 어린양 혼인 잔치의 신부 자리에 위치시키기 위해 작동되고 있다는 것을, 우리는 미래에서 왔기에 영적 본능으로 그냥 압니다. 그 빛 가운데 나와 세상을 바라보게 하시며 가정과 생업의 터전에서 화목의 사명을 감당하게 하십니다. 그리스도 안에 존재하는 새로운 피조물입니다. 이 길 따라 우리 주 예수님 다시 오시어 믿음의 실상을 새 하늘과 새 땅에 나타내십니다. 아멘, 주 예수여. 속히 오소서! 마라나타.

10주 차 첫째 날 - 아침저녁으로 15분씩 임재 호흡기도

여호와 하나님께서 깊이 잠든 아담에게서 갈비뼈를 취하여 여자를 만듭니다. 그녀를 아담에게 데려오니, 그는 경이로움으로 말합니다.

"이제야 나타났구나, 이 사람! 뼈도 나의 뼈, 살도 나의 살, 남자ish에게서 나왔으니 여자ishah라고 부를 것이다"(창세기 2:23).

이쉬아는 이쉬의 여성형 명사입니다. 뜻은 '남자의 여자'입니다. 아가서에서 같은 패턴을 볼 수 있습니다. 솔로몬의 여자 이름은 술람미이며, 술람미Shulammith는 솔로몬Shelomoh의 여성형 명사입니다. 뜻은 '솔로몬의 여자'입니다. 솔로몬의 이름 뜻이 샬롬(하나님의 질서에서 비롯된 평화)이니, 술람미는 샬롬의 여자입니다.

"너는 가서 음란한 여인과 결혼하여, 음란한 자식들을 낳아라!"(호세아 1:2).

호세아는 주의 말씀대로 생각하고 말하고 행동합니다. 그는 가서 고멜과 결혼합니다. 고멜의 이름 뜻은 마지막/끝/완성입니다. 혼이 본래 있어야 할 자리를 벗어나 인생 끝자락에 있다는 뜻입니다. 탕자가 돼지가 먹는 쥐엄 열매라도 좀 먹고 배를 채우고 싶은데 그것조차도 뜻대로 되지 않는 인생의 바닥입니다. 또한 동시에 고멜의 이름은, 구원을 뜻하는 호세아에 의해, 본래 혼이 있어야 하는 아버지 집에 돌아와 구원의 완성을 이루었다는 뜻도 갖습니다. 간단히 말해, 고멜은 호세아의 여자로서 교회를 표상하고 있습니다.

신약/새 언약에서 교회는 그리스도의 여자입니다. 십자가에서 운명하여 음부에서 깊이 잠들어 있는 둘째 아담의 옆구리는 창자국으로 파였습니다. 하나님은 바로 그 십자가 흔적에서 파트너십(갈비뼈)을 취하여 교회를 세웁니다. 사람이 부모를 떠나 자기 아내와 합하여 그 둘이 한 몸이 되는 이 비밀은 큰데, 이것은 그리스도와 교회를 두고 말씀하신 것입니다(에베소서 5:32). 남자의 여자, 솔로몬의 여자, 호세아의 여자, 그리스도의 여자, 어린양의 여자인 교회는 신부 단장을 마칩니다. 이것은 우리 주 예수 그리스도께서 다시 오실 타이밍입니다. 신랑이 말씀하십니다. "보라 내가 속히 오리라." 성령과 신부 될 교회가 화답합니다. "오십시오!"(요한계시록 22:7,17).

예수 그리스도께서 가나 혼인 잔치에서 행하신 기적은 표적의 알파입니다. 물을 포도주로 만들며 자신의 영광을 나타내셨습니다(요한복음 2:11). 우리 주 예수 그리스도 다시 오시어 표적의 오메가를 드러내십니다. 자신의 여자를 자신의 영광스러운 몸처럼 영화롭게 하는 것입니다. 신부 단장을 마친 자신의 여자를 어린양 혼인 잔치로 이끄시니, 새 하늘과 새 땅에 펼쳐지는 거룩한 도성 새 예루살렘입니다.

"거룩한 성 새 예루살렘이 하나님께로부터 하늘에서 내려오니 그 예비한 것이 신부가 남편을 위하여 단장한 것 같더라"(요한계시록 21:2).

아버지의 소원이 완전히 성취되었습니다. *이 땅의 우리는 이것을 믿음의 실상으로 간직하며 그리스도를 삽니다. 신랑 오실 길을 예비합니다.* 아멘. 주 예수님, 속히 오소서! 마라나타.

10주 차 둘째 날 - 아침저녁으로 15분씩 임재 호흡기도

고멜은 뱀에게 발꿈치를 물린 여인, 나 자신입니다. 내 안에 숨어 있던 죄가 율법을 통해 살아나 죄로 심히 죄 되게 하였습니다. 일곱 귀신 들린 자처럼, 하겠다고 생각하는 일은 하지 않고 도리어 해서는 안 된다고 생각하는 일을 하며 삽니다. 창녀들은 화대라도 받는데, 나는 값을 주며 정부를 따라도 오히려 그들에게서조차도 외면을 받습니다(에스겔 16:34). 하나님의 영광을 아는 나의 영이 죽었기에 세상 그 무엇으로도 욕구를 채우지 못합니다. 길을 잃은 내 혼은 젊은 날의 역겨운 우상숭배와 세상 사내들이 내 젖가슴을 어루만지던 음란한 생활을 그리워합니다(에스겔 23:21).

호세아는 여자에게서 태어나 뱀의 머리를 상하게 한 하나님입니다. 고멜의 죗값을 자신의 죽음으로 대신 지불하셨습니다. 티나 주름 같은 것이 없이, 아름다운 모습으로 그녀를 자기 앞에 내세우시려고 죽으셨습니다. 이때 고멜도 함께 십자가에 못 박혔습니다. 하늘과 땅의 모든 통치자와 권력도 못 박혔습니다. 우리에게 불리한 조문들이 들어 있는 율법의 빚문서도 십자가에 못 박혔습니다(골로새서 2:14). 불순종의 세력도 사탄도 다 못 박혔습니다. 사망조차도 부활하심으로 정복을 당했습니다. 이전 것들은 다 지나갔습니다. 하나님께서 십자가를 통해 보는 세상은 새 하늘과 새 땅의 새로운 창조뿐입니다.

음부 깊은 곳에서 깊은 잠에 떨어진 둘째 아담의 품 안에 죄 사함을 받아 거룩하고 흠 없는 그녀의 영이 살아 숨 쉽니다. 하나님의 그 크신 능력으로 그분을 죽은 자들 가운데서 살리십니다(에베소서 1:20). 창에 찔린 옆구리에서 주의 영과 하나 된 그녀의 영을 꺼내시니, 그리스도가 사망을 정복하고 부활하십니다. 그녀도 함께 일으킴을 받으니 그리스도의 몸 곧 교회입니다. 그분이 하늘로 올림을 받으실 때, 그녀의 영도 함께 하늘로 올라가 앉힘을 받았습니다(에베소서 2:6). 혼이 본래의 자리로 돌아와 하나님과 연합하니, 그녀의 영과 혼이 하나님의 영과 연합하여 한 영입니다.

주님과 한 영 된 교회는 그리스도의 영광입니다. 교회는 만물 안에서 만물을 충만케 하시는 그리스도의 충만함입니다. 하나님께서 교회를 통하여 하늘에 있는 통치자들과 권세자들에게 하나님의 갖가지 지혜를 알리십니다(에베소서 1:23, 3:10). 이전 것들은 다 지나갔습니다. 보십시오. 예수 그리스도 안에 새롭게 창조된 고멜이 있습니다. 그리스도의 몸, 교회입니다. 어린양의 보혈로 깨끗이 씻겼습니다. 이전 것들을 기억하지 않습니다. 옛일을 생각하지 않습니다. 영도 그리스도의 영, 혼도 그리스도의 혼, 그리스도에게서 나왔으니 그리스도의 몸이요 그리스도의 영광스러운 여자입니다. 그리스도와 교회는 하나님의 신성을 공유하고 모든 복들을 다 상속받은 신랑과 신부입니다. 우리 주 예수님 다시 오시어 표적의 오메가 어린양의 혼인 잔치를 새 땅에 드러내십니다. 아멘, 할렐루야! 마라나타.

10주 차 셋째 날 - 아침저녁으로 15분씩 임재 호흡기도

신약 서신서에서 보여 주는 사역자들과 교회의 공통점이 있습니다. 그것은 예수님의 재림이 마치 눈앞에 펼쳐지듯 상당히 급박하게 묘사된다는 것입니다. 왜 그럴까요? 2천 년이 지난 지금이야말로 정말 말세의 끝이라고 하는데, 사실 이러한 표현은 서신서에서 이미 사용된 것입니다. 아니, 서신서의 저자들과 교회는 오히려 지금보다 더 절박하게 임박한 재림을 말함과 동시에 자신들이 살아서 주님을 맞이할 것을 기대하고 있습니다(고린도전서 7:24-29; 데살로니가전서 4:16-18, 5:23; 베드로후서 3:8-

13). 2천 년이 지나도 아직 일어나지 않은 사건을, 그들이 오버한 것일까요? 아니면 에러가 발생했나요? 둘 다 아닙니다. 그들은 *하나님의 시간의 신비 가운데 있었기 때문입니다.*

눈에 보이는 현상과 상황과 형편에 휘둘리어 임박한 재림을 말한 것이 아닙니다. 그들은 보이는 대로 살지 않았습니다. 하나님의 사람들과 그리스도의 신부 된 교회가 하나님 생명과 연결되어 있기에, 그래서 그들은 십자가를 통하여 나와 세상을 바라보기 때문입니다. 사망과 음부의 열쇠를 가지신 주 예수께서 그들의 주체가 되시니, 그들은 지금 이 순간 여기서 몸으로 하나님을 경험합니다. 새 하늘과 새 땅에 펼쳐진 영원한 그리스도의 나라를 믿음의 실상으로 심중에 간직하고, 그 믿음으로 이 땅을 밟고 있습니다. 육체로 세상을 경험하고 환난과 핍박을 겪는 것들은 지나갔습니다. 그리고 피부로 지금 느끼는 고통과 괴로움 또한 지나가고 있습니다. 반면에 지금 여기서 우리 심중에 간직된 믿음의 실상은 너무도 생생하고 보여지고 만져지고 느껴지고 몸 속으로 들어오는 것 같습니다. 마치 지금 이 순간 주님의 재림이 발생하여 새 하늘과 새 땅의 어린양 혼인 잔치에 참여한 것이 내 주머니에 있는 돈보다 더 구체적으로 만져지는 것 같습니다.

죽기 전에 죽어 심리적인 과거-현재-미래의 시간에서 해방되었기 때문입니다. 과거와 현재와 미래가 동일하시어 영원히 현존하시는 하나님 생명 안으로 들어갔기 때문입니다. 하나님 임재 아래 하나님 시간 속에서 이미 이루어진 믿음의 실상으로 호흡하기 때문입니다. 이미 다 이루신 새 하늘과 새 땅의 어린양 혼인 잔치로부터 보냄을 받아 지금 이 순간 여기에 믿음으로 존재하기 때문입니다. **결과로부터 와서 지금 여기의 과정**

순간순간에 머물기 때문입니다. 미래에서 와 이 모든 것들이 다 그 결과를 이루며 나타내기 위해 함께 작동되고 있다는 것을 알기 때문입니다. 우리 안에 계신 주 예수 그리스도께서 '내가 속히 오리라' 말씀하심의 울림이 나의 전부이기 때문입니다. 보이는 대로 살지 않습니다. 오직 믿음으로 그 은혜 가운데 말씀대로 생각하고 말하고 선포하며 삽니다. 이 길 따라 우리 주 예수님 속히 오고 계십니다. 마라나타.

10주 차 넷째 날 - 아침저녁으로 15분씩 임재 호흡기도

요셉은 어릴 때부터 하나님 생명 안에서 하나님 시간의 신비 가운데 살았습니다. 요셉의 꿈은 믿음의 실상이요 증거이기에, 결국 하나님의 때에 그 실상은 나타나며 화목의 직책을 수행합니다.

"실제로 나를 이리로 보낸 것은 형님들이 아니라 하나님이십니다. 하나님이 나를 … 이집트 땅의 통치자로 세우신 것입니다"(창세기 45:8).

하나님의 시간 속에서 '7년 풍년 7년 흉년'의 결과를 믿음의 실상으로 가지고, 그는 지금 여기에 하나님의 통치를 펼쳐냅니다. 그리고 입관 *arown*됩니다(창세기 50:26). 구약언어 *arown*은 십계명을 담고 있는 법궤입니다. 요셉 안에 계시며 하나님의 통치를 나타내셨던 그리스도께서 그 관에 들어가 출애굽의 때를 기다리시는 것입니다.

다니엘은 참으로 신비로운 존재입니다. 그 비밀의 열쇠는, 그가 하나님 시간 안에 믿음으로 존재한다는 것입니다. 왕이 꾼 꿈을 보지도 듣지도 못했으면서도 그 꿈의 내용을 해몽합니다(다니엘 2:28-30). 세상 왕도 다니엘 안에 하나님이 계신 것을 고백하며 의존하지 않을 수 없습니다.

"내 나라의 모든 지혜자가 그 꿈을 해몽하여 나에게 알려 주지 못하였으나, 너는 네 안에 거룩한 신들의 영이 있으니, 할 수 있을 것이다"(다니엘 4:18).

세대를 지나 왕이 바뀌어도 여전히 주변 사람들에 의해 다니엘은 자신 안에 거룩한 신들의 영이 있는 자, 즉 비범한 영extraordinary spirit을 소유한 자로 소개됩니다(다니엘 5:11-12). 사자 굴에서도 그의 몸이 조금도 상하지 않는 것은, 다니엘이 자기의 하나님을 믿었기 때문입니다(다니엘 6:23). 다니엘은 오메가 포인트에 믿음으로 존재합니다. 그는 조국이 바빌론 70년 포로 생활을 마치고 고국으로 돌아가 성전을 재건축한다는 사실을 알고 그 길을 준비합니다. 그리고 그 믿음의 실상들이 이 땅에 펼쳐지는 그리스도의 통치를 전파합니다. 또한 21세기 오늘을 살아가는 이 시대의 풍경을, 2,600년 전에 이미 예견하고 있습니다.

"다니엘아 마지막 때까지 이 말을 간수하고 이 글을 봉함하라 많은 사람이 빨리 왕래하며 지식이 더하리라"(다니엘 12:4).

어제와 오늘과 내일이 동일하신 그리스도의 통치입니다.

에스겔은 바빌론 그발강 가에서 주님의 영에 사로잡힙니다. 하나님 시간 속으로 들어가 하나님 보좌 앞에 머뭅니다. 이제는 보이는 대로 살지 않고 오직 믿음으로 주의 말씀 따라 생각하고 말하고 선포합니다. 에스겔은 여호와의 영광이 이 땅의 성전에서 떠나는 것을 보았고, 다시금 그 영광이 돌아와 재건된 성전의 청사진을 펼쳐냅니다(에스겔 11:24, 40-48장). 성전은 그리스도 안에서 새로운 피조물 된 우리들입니다. 우리 안에 새 마음과 새 영을 주시고 하나님의 영을 우리 속에 두어 주의 말씀대로 말하고 생각하고 선포하게 하십니다(에스겔 36:26-27). 그리고 아주 오래된 마른 뼈들이 살아나 하나님의 군대로 세워지는 것을 믿음의 실상으로 간직하게 하십니다(에스겔 37장). 오메가 포인트의 새 하늘과 새 땅에 펼쳐지는 영원한 그리스도의 나라입니다.

"그날 후로는 그 성읍의 이름을 여호와삼마라 하리라"(에스겔 48:35).

여호와께서 거기에 계십니다.

밧모섬의 요한도 동일한 믿음의 실상을 간직합니다.

"또 내가 새 하늘과 새 땅을 보니 처음 하늘과 처음 땅이 없어졌고 바다도 다시 있지 않더라 또 내가 보매 거룩한 성 새 예루살렘이 하나님께로부터 하늘에서 내려오니 그 준비한 것이 신부가 남편을 위하여 단장한 것 같더라"(요한계시록 21:1-2).

하나님 생명 속으로 들어가 하나님 시간으로 살기 때문입니다. 그리스도 안에서는 '누구든지'입니다. 우리도 오메가 포인트에서 이것을 믿음의 실상으로 간직하니, 이 땅에 육신을 덧입고 있는 우리들은 결과/미래에서 와 그 실상을 이 땅에 나타내는 자들입니다. 우리 주 예수님, 이 길 따라 지금 오고 계십니다. 아멘, 주 예수님, 속히 오소서! 마라나타.

10주 차 다섯째 날 - 아침저녁으로 15분씩 임재 호흡기도

법궤를 메고 희년의 나팔 소리에 기뻐하며 침묵 속에 여리고성을 돕니다. 견고해 보이나 허물어져 가고 있습니다. 7일 일곱 번째 하나님의 때에 선포하니, 여리고성이 무너집니다. 같은 믿음의 실상을 심중에 간직하며 오늘이라고 하는 이날을 주의 말씀대로 생각하고 말하고 선포하며 삽니다. 견고해 보이나 허물어져 가고 있습니다. 일곱 번째 나팔 소리가 울려 퍼지면 바빌론 도시는 무너져 세상 나라는 우리 주님의 것이 되고, 주님께서 그리스도의 나라를 영원히 다스리실 것입니다(요한계시록 11:15). 이것이 오늘을 사는 우리들의 간증이며 찬송입니다.

짐승이 붙잡혔습니다. 짐승을 우상으로 숭배하던 자들을 미혹하던 거짓 선지자도 잡혔습니다. 짐승과 거짓 선지자가 산 채로 유황이 타오르는 불바다로 던져집니다. 성도들을 미혹하던 마귀도 불바다로 던져집니다. 그 짐승과 거짓 예언자들과 마귀가 불바다에서 영원히 밤낮으로 고통을 당합니다. 사망과 음부도 불바다에 던져지는데, 이 불바다는 둘째 사망입니다. 죽은 자들이 백보좌에서 자기들의 행위대로 심판을 받는데, 생명책에 기록되지 않은 자들은 다 이 불바다에 던져집니다.

이것이 오늘을 사는 우리들의 믿음의 실상이요 증거입니다. 들숨에 '그리스도 안에서' 날숨에 '아버지 사랑으로' 숨결에 하나님 생명에 잠기며 불바다를 가슴에 품습니다. 무너질 것 같지 않던 여리고와 바빌론입니다. 악이 창궐하고 영원히 죄와 질병과 사망이 득세하고 이길 것 같습니다. 보이는 것들입니다. 그런데 이것들은 진리도 실재도 나도 아닙니다. 하나님께서 창조한 것들이 아니기에 새 하늘과 새 땅에 존재할 수 없습니다. 불바다에 다 던져질 것들입니다. 우리 안에 계신 우리 믿음의 주체가 되시는 우리 주 예수 그리스도께서 이것들을 다 유황이 타오르는 불바다로 던지십니다. 그러므로 눈에 보이는 죄악들을 두려워하지 않습니다. 산 자와 죽은 자를 심판하시는 우리 주 예수님을 경외하며 따릅니다.

우리 영과 혼이 주의 영과 연합하여 한 영 되어 육체 가운데 오늘을 삽니다. 우리 심중에는 오메가 포인트에서 비롯된 믿음의 실상과 증거가 있습니다. 들숨에 '그리스도 안에서' 날숨에 '아버지 사랑으로' 하나님 형상대로 지음을 받은 사람은 영원히 존재합니다. 생명책에 기록된 자들은 새 하늘과 새 땅 하나님 도성에서 영원히 존재합니다. 민족들이 하나님의 영광 빛 가운데로 다닙니다. 땅의 왕들이 그들의 영광을 새 예루살렘 도성으로 들어옵니다. 그리고 사람들은 민족들의 영광과 명예를 그 도성으로 들어옵니다(요한계시록 21:24-26). 하나님의 통치만이 새 하늘과 새 땅에 가득합니다. 그 실상이 우리 심중과 보이지 않는 세계로 퍼져 나가며 가정과 생업의 터전에 하나님의 영광을 아는 빛이 비칩니다. 하나님께서 창조하지 않으신 죄와 질병과 사망이 다 물러갑니다. 여리고처럼 바빌론처럼 무너져 내립니다. 그리스도의 나라를 우리 생활에 펼치십니다. 아멘. 이 길 따라 우리 주 예수님 다시 오시어 영원한 그 나라 나타내십니다. 마라나타.

10주 차 여섯째 날 - 아침저녁으로 15분씩 임재 호흡기도

성경은 처음부터 끝까지 다 나에 대한 이야기입니다. 아담과 하와 이야기도 내 이야기이며, 아브라함도 모세도 한나도 다윗도 베드로도 바울도 요한도 다 내 이야기입니다. 물론 고멜도 내 이야기이며 일곱 귀신 들린 여인도 나에 대한 이야기입니다. 마지막에 등장하는 어린양 혼인 잔치의 신부도 새 예루살렘도 다 나를 말하고 있습니다. 나는 영이요 생명이요 말씀입니다. 나는 이미 온전하고 의롭고 영광스럽습니다.

그런데 정말 놀랍고 신기한 일이 있습니다. 성경이 나에 대한 이야기라고, 내가 나 자신에 주목하면 이 모든 스토리들이 사막의 신기루처럼 사라져 버려 더 목마르고 메마르게 됩니다. 더 집착하고 추구하다가 더 깊은 수렁으로 빠지게 됩니다. 해결책은 딱 하나뿐입니다. 모든 시선을 신랑 되시는 우리 구주 예수님께 드리는 것입니다. 오직 믿음의 창시자요 완성자이신 내 주님에게서 시선을 떼지 않는 것입니다. 그리고 나 자신을 잊어버립니다. 나는 '없음'입니다. 나는 '텅 빔'입니다. 나는 '정지됨'입니다. 오직 시선을 주님께 두니, 이러한 '나'조차도 잊어버립니다. 신랑 되시는 주님만 계십니다.

외부에서 내면으로 방향을 전환하여 내 존재 중심에 계신 그리스도께 모든 시선을 드릴 때, 나에 대한 성경의 모든 이야기는 신기루가 아닌 믿음의 실상으로 우리 심중에 자리를 잡습니다. 들숨에 '그리스도 안에서' 생명의 숨을 존재 중심까지 깊이 들이마십니다. 날숨에 '아버지 사랑으로' 생명의 숨을 하늘 보좌에까지 내쉽니다. 시선을 주님께 드리니, 하늘과 땅의 모든 권세를 가지신 주 예수님께서 일곱 교회와 열방의 교회를 상징하는 일곱 금 촛대 가운데 계심을 보게 하십니다. 주님께서 사망과 음부의 열쇠를 가지셨고 두루마리의 봉인을 뗄 때마다 흰 말이 뛰고 불빛 같은 말, 검은 말, 청황색 말이 달립니다. 하나님 임재 호흡을 하며 계속 시선을 주님께 드리며 고정합니다. 사망과 음부가 불못에 던져지는데, 이것이 둘째 사망입니다. 그 너머에 새 하늘과 새 땅의 생명수의 강을 보여 주십니다. 하나님 보좌와 어린양의 보좌로부터 흘러나와서 도시의 넓은 거리 한가운데를 흐릅니다(요한계시록 1-2장, 6장, 20-22장).

모든 시선을 주님께 드리니, 오메가 포인트에서 펼쳐지는 결과를 믿음의 실상으로 간직하고 지금 이 순간 여기를 살게 하십니다. 이것으로 인해 보이는 것들이 작아져 얽매이지 않습니다. 여리고성과 바빌론 도시가 무너지듯 그렇게 상황과 여건과 타인의 시선과 나 자신의 육신의 욕구가 허물어지고 있기에, 그것들에 좌우되지 않습니다. 주님과 연합하여 결과에 서서 십자가를 통하여 나와 세상을 바라보니, 이것들은 이미 지나간 것임을 알아차리게 하십니다. 어린양의 혼인 잔치와 새 하늘과 새 땅에 펼쳐지는 그리스도의 영원한 나라가 믿음의 실상이 되어 지금 이 순간 여기에 오직 믿음으로 존재하게 하십니다. 이 길 따라 우리 주 예수님 다시 오시어 그 실상을 보고 듣고 만지게 하실 것입니다. 아멘. 주 예수님, 속히 오소서. 마라나타.

10주 차 일곱째 날 - 아침저녁으로 15분씩 임재 호흡기도

Q: 아 드디어 10주 70일 아침저녁으로 15분씩 임재 호흡기도를 다 했어요. 무려 2100분, 시간으로는 35시간이나 했어요. 그리고 하루 생활 속에서도 이제는 운전할 때나, 혼자 일할 때 숨 쉬는 것을 느끼며 하나님 임재 아래 있을 수 있게 되었어요. 본래 목적이 '항상 기도하라' 24시간 기도이니, 이제는 아침저녁으로 15분씩 임재 호흡기도 하는 것은 안 해도 괜찮겠지요?

A: 네, 정말 대단합니다. 끝까지 했네요. 물론 24시간 기도가 목표이고 생활 속에서 계속하고 있으니 그리고 10주 70일 훈련도 마쳤으니, 아침저녁으로 하는 것은 안 해도 누가 뭐라 하겠어요? 수고하셨습니다. 그런데 숨 쉬는 것이 기도라는 것은 항상 잊지 말아야 해요!

Q: 앗! 숨을 쉬는 것이 기도라고요? 아~ 네, 그렇지요. 알고는 있는데 자꾸 잊게 되네요. 항상 기억할 수 있는 묘책이 있을까요?

A: 묘책은 아니고, 그냥 제가 하는 방식을 알려 줄게요. 저는 아침저녁 15분 임재 호흡기도를 통해, 날마다 임재 호흡기도의 기본자세를 늘 점검하고 있어요. 이것을 베이스캠프로 삼아, 하루 생활 가운데 임재 호흡을 계속 연장하고 있고요. 아침저녁의 기도는 거의 방해를 받지 않고 할 수 있는 구별된 시간이어서 기본자세를 점검할 수 있지요.

기본자세라면, '지금 이 순간 여기' 그리고 '영원히 현존하시는 하나님 생명'과의 연결입니다. In the present, in the presence of God. 이것의 의미는 하나님 자비를 입은 내가 몸을 산 제물로 드려 죽기 전에 죽었다는 것이고요. 그러니 더 이상 집착할 것도 없고 추구할 것도 없어요. 내 에고ego가 십자가 죽음에 넘기어졌으니까요. 십자가를 통과했으니 선악이 아닌 생명으로 숨을 쉽니다. 내 혼이 본래 있어야 할 아버지 집에서 주님과 연합되어 들숨에 '그리스도 안에서' 날숨에 '아버지 사랑으로' 하고 있는 겁니다. 이 기본자세를 구별된 시간에 호흡을 길게 가져가며 임재 호흡기도를 하면서 날마다 점검해요.

이렇게 하면, 생활 속에서 들숨 날숨을 하면서 숨 쉬는 순간순간이 하나님 임재 아래 있게 되고 그 자세가 유지됩니다. 혼이 하나님과 연합된 가운데 의식이 계속 깨어 있기 때문입니다. 운전할 때나 혼자서 일을 할 때뿐만 아니라 공공장소에서도 특별한 방해를 받지 않는다면 계속 하게 되고요. 심지어는 대화할 때에도, 일반적인 만남이고 특별 상황이 발생하지 않는다면, 내 혼은 하나님 면전에서 그리고 몸(생각, 감정, 신체)은 주님과 함께 상대방과 대화를 해도 괜잖아요. 이게 다 날마다 구별된 시간을 갖기에 가능한 것 아닐까요?

이번에 함께 아홉 번째로 할 성경일독은 임재 호흡기도를 하면서 하려고 해요. 글 읽기에 익숙한 사람들은 읽음과 동시에 그 내용이 귀에서도 들리기에 경청이 가능하잖아요? 마찬가지로, 임재 호흡을 하며 성경을 읽으면, 숨결에 하나님 생명이 흐르는 것을 느끼게 됩니다. 그러면 우리 믿음을 받으시고 주님께서 기름을 부어 주시며 만지시고 다스리시니, 말씀을 읽는 것들을 귀로 경청하게 되고요. 믿음은 들음에서 생겨납니다. 당연히 성령님께서 우리 심중에 경청한 말씀들을 새겨 놓으시고, 우리는 그 새겨진 말씀대로 생각하고 말하고 느끼고 행동합니다. 이번에는 다 같이 그렇게 하려고 미리 해 봤는데, 잘되더라고요.

Q: 네. 알겠습니다. 뭐 처음부터 그냥 아침저녁으로 15분씩 계속하라고 하셨어도 될 걸 그랬어요. 아무튼 정말 고맙습니다. 끝으로 명심해야 할 것 있으면 알려 주세요. 간직하고 하겠습니다.

A: 죽음을 회피하지 말고 직면하세요. 예수님은 죽기를 무서워해 한평생 매여 종노릇하는 우리를 놓아주려고 십자가에서 죽으셨습니다 (히브리서 2:15). 그래서 예수님과 함께 짊어지는 십자가 멍에는 쉽고 그 짐은 가벼운 겁니다(마태복음 11:30). 어떤 사람에게는 돈 없는 것이 죽음보다 더 두렵고, 다른 사람에게는 왕따당하는 것이 그렇고, 또 다른 사람에게는 하나님을 위해 의를 실행하는데 모독을 받는 것이 죽는 것보다 더 괴롭고 고통스러울 수 있어요. 이런 것들을 피하지 말고 정면돌파 하세요.

그 두려움과 고통과 괴로움은 예수님이 보낸 구원의 메신저입니다. 그러니 직면하고 자신을 십자가 죽음에 넘겨야 합니다. 이것이 바로 외부에서 내면으로 방향을 전환해 모든 시선을 주님께 드리는 겁니다. 그러면 전능하신 하나님께서 일하심을 보고 듣고 수종 들게 됩니다. 우리 혼이 본래 있어야 할 자리로 돌아가는 겁니다. 그리고 죽어 하나님과 연합하니, 하나님께서 우리 혼을 소생시켜 한 영 되게 하시어, 그리스도 안에서 새로운 피조물 된 것을 실감하며 천국 생활을 지금 이 순간 여기서 하게 하십니다. 이게 다입니다. 기도하고 축복합니다. 잘하실 겁니다.

10주 차 요약
- 오메가 포인트의 믿음의 실상으로 절대 안식하는, 10주 차 훈련이었습니다.

하나님은 말씀이신 그리스도 안에서 만물을 창조하셨습니다. 보이는 것들과 보이지 않는 것들이 그리스도로 말미암아 창조되었고, 그리스도를 위하여 창조되었습니다. 보이지 않는 것들은 무형의 질료입니다. 오늘날 과학 용어로 말하면 초양자장입니다.

"무형의 질료보다 먼저인 것은 창조주의 영원함입니다. 따라서 창조주이신 하나님은 절대적인 무에서 무형의 질료를 만들어 내셨고, 그 무형의 질료로부터 만유를 창조하신 것입니다"(아우구스티누스, 《고백록》).

하나님은 그리스도의 십자가의 피로 평화를 이루셔서, 그리스도로 말미암아 만물을 하나님과 기꺼이 화해시키셨습니다. 그리고 그리스도 안에서 고멜을 다시 빚으시어 교회가 되게 하셨습니다. 그리스도는 교회의 머리이십니다(골로새서 1:16-20). 그러므로 하나님께서 십자가를 통해 바라보는 세상은 새 하늘과 새 땅입니다. 하나님께서 십자가를 통해 바라보는 나는 이미 의롭고 온전하고 영광스러운 어린양의 신부입니다.

오메가 포인트 새 하늘과 새 땅에 펼쳐지는 어린양의 혼인 잔치는 이미 우리 심중에 보이지 않는 믿음의 실상으로 존재합니다. 신랑의 잔과 신부의 잔이 부딪히며 서로를 기뻐합니다. 죄와 질병과 사망과 음부와 생명책에 기록되지 않은 불순종의 세력들이 사탄과 함께 유황으로 타오르는 불못에 던져지는 것 또한 이미 우리 심중에 보이지 않는 믿음의 실상으로 존재합니다. 들숨에 '그리스도 안에서' 날숨에 '아버지 사랑으로' 하나님 임재 아래 숨 쉬는 우리들에게 이 두 가지 실상은 절대안식을 가져옵니다. 영이요 생명이신 말씀을 따라 생각하고 말하고 느끼며 선포하니, 그 믿음의 실상대로 주 성령께서 우리 몸을 사로잡으시고 만지시며 새롭게 하시고 회복시키십니다.

"죽음도, 삶도, 천사들도, 권세자들도, 현재 일도, 장래 일도, 능력도, 높음도, 깊음도, 그 밖에 어떤 피조물도, 우리를 우리 주 예수 그리스도 안에 있는 하나님의 사랑에서 끊을 수 없습니다"(로마서 8:38-39).

세상 권세가 어린양에게 싸움을 걸지만, 어린양이 그들을 이기고 또 이길 것입니다. 어린양이 만주의 주요 만왕의 왕이기 때문입니다. 그리고 어린양과 함께 있는 우리들이 부르심을 받고 택하심을 받아 오메가 포인트의 믿음의 실상을 간직했기 때문입니다. 우리는 정복자들 그 이상입니다(요한계시록 17:14; 로마서 8:37).

음부 깊은 곳에 떨어진 그리스도의 옆구리에서 죄 사함을 받아 거룩하고 흠 없는 고멜의 영을 꺼내시니, 영도 그리스도의 영이요 혼도 그리스도의 혼인 그리스도의 여자, 그리스도의 몸, 교회입니다. 주님과 한 영 된 교회는 그리스도의 영광입니다. 그리스도는 하나님의 영광입니다. 교회는 과거와 현재와 미래가 동일하시어 영원히 현존하시는 그리스도 안에서 생명을 호흡합니다. 당신이 바로 그 교회의 멤버입니다. 요셉도 다니엘도 에스겔도 밧모섬의 요한도 다 그리스도 안에서 생명을 호흡하며 절대안식을 하였습니다. 그리고 그 은혜를 이 땅에 나타내었습니다. 그리스도 안에서는 '누구든지' 그들처럼 하나님 생명을 호흡하며 그 은혜를 나타냅니다. 오메가 포인트에서 믿음의 실상을 가지며, 그 실상을 이 땅에 나타냅니다. 끊임없이 모든 시선을 주님께 드립니다. 전능하신 하나님의 일하심을 보고 들으며 수종 들게 하십니다. 이 길 따라 우리 주 예수님 다시 오시어 영원한 그리스도의 나라 나타내십니다. 아멘, 주 예수님! 속히 오소서! 마라나타.

· 나가면서 ·

시작이 반입니다. 하나님 임재 연습은 알아차리는 것에서부터 시작되니, 알아차리기만 해도 반은 된 겁니다. 고통과 괴로움과 불편함은, 하나님께서 당신에게 자유와 행복을 주시기 위해 보낸 메신저입니다. 그러므로 당신이 그것을 알아차리면, 즉각적으로 응답의 확신 또한 믿음으로 붙잡게 됩니다. 외부의 상황과 여건과 타인들의 시선과 당신 자신의 생각과 감정으로부터 '굿 바이' 하고 당신 안의 주님께로 방향을 전환하니, 주 성령께서 홍해를 가르듯 당신 안의 주님께로 강하게 이끌어 당기십니다. 모든 시선을 주님께 드립니다. 들숨과 날숨, 숨결에 지금 이 순간 여기에 연결되어 있는 하나님 생명을 느낍니다. *당신의 당신 됨은 하나님 은혜입니다. You are what you are by the grace of God.*

인생 광야에서, 육신으로는 하나님을 기쁘시게 해 드리지 못한다는 것을 뼈저리게 깨닫습니다. 보이는 대로 살지 않습니다. 오직 믿음입니다. 오직 하나님 은혜로 강을 건넙니다. 내 혼이 본래 있어야 할 자리 아버지 집에서 오직 말씀대로 생각하고 말하고 느끼고 선포하는 나는 하나님의 보물입니다. 죄와 수치가 굴러가고 신성과 원복이 굴러왔습니다. 희년의 양각 뿔 나팔 소리, 재림의 나팔 소리에 내 존재 중심 주의 보좌로부터 끊임없이 기쁨이 올라옵니다. 믿음은 바라는 것들의 실상이요 증거입니다. 우리 혼은 그리스도 영 안 하나님 보좌 앞에서 찬양과 경배를 올리고 있습니다. 그 믿음 받으시고, 우리 안에 계신 그리스도께서 여리고성을 돌고 있는 우리를 통해 그 성을 돌며 감싸고 계십니다. 아버지 집, 벧엘에서의 삶입니다.

내 영은 이미 그리스도와 함께 하늘에 앉힘을 받았습니다. 승리한 유리 바닷가의 주의 백성들과 영으로 하나 되어 주의 몸 이루며 머리 되신 우리 주 예수님의 통치를 받고 있습니다. 내 혼이 그리스도 안에서 끊임없이 주의 보좌로 나아가 주님과 연합하여 한 영이 되니, 성령님은 하나님과 연합된 우리 혼으로 하여금 진정한 나 자신을 발견하고 의식하고 누리게 하십니다. 이것은 마치 누에고치 속에 있는 애벌레가 껍질을 깨고 나비가 되어 훨훨 날듯 그렇게 내 혼이 육체에서 벗어나 그리스도 영 안에 머물며 주의 보좌로 나아가 주와 합하여 한 영이 된 것입니다.

　내가 이제 육체 가운데 있는 것은 그리고 여리고성을 돌고 있는 것은 오직 믿음으로 존재하는 것입니다. 혼이 떠난 육체를 주검이라고 합니다. 지금 이 순간 오직 은혜, 오직 믿음, 오직 말씀으로 사는 우리들에게 있어서, 육체는 마치 껍데기와도 같습니다. 애벌레가 나비 되어 날아가고 빈 껍데기만 남겨져 있는 것과 같습니다. 육신의 무게감이 다 빠져나가니 내 모습 이대로 괜찮습니다. 아니, 아름답습니다. 풀처럼 꽃처럼 시들고 떨어져 사라질 것이지만, 오직 주의 은혜로 인해 빈 껍데기 육체의 형편과 모습 이대로 아름답습니다. 오직 은혜, 오직 믿음, 오직 말씀대로 생각하고 느끼며 새 하늘과 새 땅에 펼쳐지는 어린양 혼인 잔치를 믿음의 실상으로 간직하니, 바로 그 빈 껍데기 육체를 통하여 우리 주 예수 그리스도 자신을 이 땅에 나타내십니다. 경이롭습니다. 사탄과 사망과 음부가 유황으로 타오르는 불못에 던져지는 것을 믿음의 실상으로 간직하니, 하나님께서 창조하지 않으신 죄와 질병과 사망의 끝을 보며 더 이상 두려워하지 않게 하십니다. 바로 이 길 따라 우리 신랑 주 예수님 다시 오시어 새 하늘과 새 땅에 영원한 그리스도의 나라 펼치십니다. 마라나타. 아멘, 주 예수여. 속히 오소서!

하나님 임재 연습 10주 70일을 마친 지금, 바로 이 진리에 대한 자각능력이 생겨났습니다. 지금 이 순간 여기에 영원히 현존하시는 하나님 생명과 연결되어 있음을, 아침에 15분 저녁에 15분 모두 140번을 임재 호흡 기도를 하며 체험했습니다. 당연히 하나님 생명을 체험하며 '지금 이 순간 여기를in the present' 자각하는 능력이 증가되었습니다. 또한 주님의 만지심과 치유하심으로 인해 어릴 적 억눌렸던 감정의 상당 부분이 풀어졌습니다. 그래서 뇌에 지각된 감각에 동물처럼 즉각 반응하는 내 안의 어린아이가 사라지고 그리스도께서 계시는 것도 경험하고 있습니다. 이러한 치유는 감정에 국한되지 않고 생각과 신체로도 확장됩니다. 주님께서 기름을 부으시며 만지시고 치유하시기 때문입니다.

이러한 10주간의 하나님 임재 연습은 내 혼이 하나님과 연합에로 나가는 영적 여정의 발판이 됩니다. 우리가 원하는 것은 육신의 장막을 벗어버리는 것이 아닙니다(고린도후서 5:4). 우리가 정녕 원하는 것은 하나님 임재 연습을 하며 우리 혼이 하나님과 연합하여 새로운 육체를 경험하는 것입니다. 이것이 바로 오직 은혜, 오직 믿음, 오직 말씀으로 나와 교회가 리셋reset되는 것이기 때문입니다. 그 결과, 주님께서 우리 혼과 몸을 사로잡으시어 우리 믿음을 통해 이 땅에 자신을 나타내시며 그리스도의 나라를 펼치십니다. 이 길 따라 재림의 주 예수 그리스도 오시어 영원한 하나님 나라를 새 하늘과 새 땅에 펼치십니다. 그러므로 우리는 그 생명에 삼켜지기를 소망하며 오늘도 들숨에 '그리스도 안에서' 날숨에 '아버지 사랑으로' 숨결에 신랑 되실 우리 주 예수님을 느끼며 다시 오실 그 길을 준비합니다. 마라나타.